한경 TREND 국내 최고의 여행 매거진 *SRT*이 소개하는 가족을 위한 국내 여행 가이드북입니다. 여행 기자들이 직접 보고 듣고 맛본 여행의 기억과 기록을 모두 모았습니다.

한경 **TREND**

틈―틈이
가족 여행

아이와 갈 만한 국내 여행지 170선

❝에메랄드빛처럼 빛나는 바다를 바라보며
모래성처럼 쌓아올리는
우리 가족의 행복한 시간❞

전남 완도 명사십리해수욕장.

❝ 가만히 눈 감으면 들려오는
대나무숲의 노랫소리.

우리 아이 손 잡고
걷기만 해도 완벽한 하루. ❞

울산 태화강 국가정원 십리대숲.

66 노을을 삼켜 더 짙어진 만경강 풍경.

곁에 누군가가 있어 더 위안이 되는
오늘의 노을. 99

전북 완주 삼례읍 비비정예술열차.

66 같은 곳을 바라보며
유유히 흘러가는 이 시간,
우리는 인생의 한 배를 탄 운명공동체.99

충남 부여 백마강 황포돛배.

"넘어져도 괜찮아.
길을 잃어도 괜찮아.

깜깜한 밤, 빛나는 별처럼
우리가 늘 그 자리에 있을게."

전남 장흥 정남진 천문과학관.

CONTENTS

SCENE

016   우리 오늘 어디 갈까?
         인스타그래머 추천!
         아이와 가볼 만한 곳

CHAPTER 01
TRAVEL STORY

024   첫 번째 여행 이야기 – 전남 신안
         빨간 애기동백이 피었다

032   두 번째 여행 이야기 – 충남 부여
         비단길 걷어내며 찰랑이는
         부여의 봄

040   세 번째 여행 이야기 – 충남 공주
         세상에 둘도 없는 공주

048   네 번째 여행 이야기 – 전남 완도
         바람도 쉬어 가는 아름다운 섬

056   다섯 번째 여행 이야기 – 전남 장흥
         장흥의 별빛 여름

064   여섯 번째 여행 이야기 – 울산 광역시
         오색이 찬란하다

072   일곱 번째 여행 이야기 – 전북 익산
         달님은 아실 거야
         익산의 주인공을

080   여덟 번째 여행 이야기 – 충남 보령
         보령해저터널 타고 원산도로

088   아홉 번째 여행 이야기 – 경북 영주
         반짝이는 시간을
         길어 올린다

096   열 번째 여행 이야기 – 강원 평창
         평창 남쪽, 평화가 있어

104   열한 번째 여행 이야기 – 전북 완주
         눈 쌓인 숲과 절정의 순간

112   열두 번째 여행 이야기 – 울산 울주
         이뤄져라, 간절한 소망

CHAPTER 02
THEME TOUR

122	첫 번째 테마 여행 – 물길 여행 호수 따라, 강물길 따라
130	두 번째 테마 여행 – 생태 관광 사람과 자연이 함께 숨 쉬는 여행
138	세 번째 테마 여행 – 산림 높고 푸르른 나무를 닮도록
146	네 번째 테마 여행 – 땅끝 여행 해남, 설렘의 시작
154	다섯 번째 테마 여행 – 식도락 온 가족이 즐거운 맛 여행
162	여섯 번째 테마 여행 – 페스티벌 축제처럼 흥 나는 여행
172	일곱 번째 테마 여행 – 캠핑 자연과 숨 쉬는 휴식
178	여덟 번째 테마 여행 – 지식 쌓기 놀며 체험하며 공부하기
184	아홉 번째 테마 여행 – 스마트 취향 따라 누비는 인천 개항장 거리
190	열 번째 테마 여행 – 관광두레 지역 고유의 이야기를 찾아서

CHAPTER 03
TRAVELER'S PICK

198	가벼운 걷기 여행을 하고 싶을 때
202	여행지에서 인생샷을 남기고 싶을 때
206	풍요로운 문학 기행을 떠나고 싶을 때
210	맛 따라 멋 따라 미식 여행을 가고 싶을 때
214	신나는 액티비티를 즐기고 싶을 때
218	청량한 계곡물에 발을 담그고 싶을 때
222	영화&드라마 속 주인공이 되어보고 싶을 때
226	여유를 즐기며 힐링하고 싶을 때
230	싱그러운 자연 속을 거닐고 싶을 때
234	가을빛으로 물든 풍광을 감상하고 싶을 때

238	아이랑 함께 해요! 전국 방방곡곡 놀이터
240	PHOTO CREDIT

• SCENE •

우리 오늘 어디 갈까?

인스타그래머 추천! 아이와 가볼 만한 곳

아이에게 많은 것을 보여주고 싶은 것이
엄마, 아빠의 마음이지만 시간 내기가 쉽지 않다.
막상 여유가 생겨도 어디로 가야 할지 갈팡질팡하곤 하다.
"우리 오늘 어디 가지?"라는 고민을 해결해줄 인스타그래머
추천 '아이와 함께 가기 좋은 곳', 지금부터 소개한다.

@berry_place_

#프라이빗풀빌라 #양평그랑아치

돛단배 타고 유유자적
콜로세움과 지베르니 콜라보 ♪

Ⓧ 예스 키즈 존

INTRODUCTION
@berry_place_

"소중하게 빛나는 날을 추억하기 위해 따스한 기록을 나누어요."

아이와 가볼 만한 장소를 소개하는 인스타그래머. 600여 개 넘는 피드는 "국내에 이런 곳이 있었어?"라는 말이 절로 나오게 하는 곳들로 가득하다.

@berry_place_

#도깨비숲 #리브정원

도깨비야, 어디 어디 숨었니?
피톤치드 뿜뿜
ⓥ 포천 국립수목원에도 함께 들러요

동화책 속에서 막 튀어나온 듯한 숲 놀이터.
태풍으로 쓰러진 통나무로 만들어 더 의미 있어요.

@berry_place_

#철원고석정 #철원고석정꽃밭

맨드라미, 억새, 메밀꽃 천국♥
사진 찍을 스폿이 백만스물한 군데!
ⓥ 2022년 6월 1일부터 야간 개장

축구장 33개 정도 되는 면적에 다양한 꽃이 활짝!
개화 시기를 잘 맞춰 가야 한다는 점, 유의하세요.

 @myloverimi

#호로고루성 #삼국시대성지

넘실대는 청보리밭은 보기만 해도 상쾌!
9월에는 해바라기꽃이 만발해요.
ⓥ 고랑포 주상절리 적벽 위 위치

INTRODUCTION "아이와 여행, 일상♥ 사랑하는 챔이와 ♪ 챔이네 여행"
@myloverimi

아이와 여행하면서 든 감상과 여행할 때 알아두면 좋은 팁을 나눈다.
한마디 한마디 기억하고 싶은 아이의 언어를 피드에 따스하게 녹여 보는 이들까지
흐뭇하게 만드는 인스타그래머.

@myloverimi

#제주동백꽃 #카멜리아힐

꽃에 진심인 편♥
겨울의 하이라이트는 뭐니 뭐니 해도 동백꽃이지!

ⓥ 넓은 전용 주차장 무료!

엄마가 되고 나서 꽃구경 가는 건 사치였는데,
이젠 데리고 다닐 수 있을 만큼 컸다.

CHAPTER
01

TRAVEL STORY

떠나야만 알 수 있는 여행의 묘미. 가기 전에는 막막해도
일단 길을 나서면 모든 것이 명료해진다. 산으로, 들로, 바다로,
아이와 함께 가보기 좋은 열두 곳의 여행지 이야기를 담았다.

• TRAVEL STORY •

첫 번째 여행 이야기
전남 신안

빨간 애기동백이 피었다

초겨울부터 움트는 압해도 애기동백

전남 신안군 압해도에서 가장 높은 산, 송공산 기슭에 천사섬 분재공원이 자리한다. 목포역에서는 차로 30여 분 거리로 가깝다. 규모가 12만2300m²(약 3만7000평)에 달하는 공원은 겨울이면 3000만 송이 달하는 애기동백꽃이 무리를 이룬다. 가죽처럼 단단하고 윤기가 흐르는 초록 잎 사이에 핀 크고 맑은 붉은 꽃은 보는 이들의 마음을 들뜨게 한다. 보통 2월부터 꽃을 피우는 동백보다 개화 시기가 빠른 애기동백은 11월부터 1월 말까지 꽃을 피운다. 멀리서 보면 색이 진한 무궁화 같기도 하고, 해당화처럼도 보인다. 단, 무궁화나 동백과 달리 꽃잎이 하나씩 진다.

압해도
간단 정보

신안군청 소재지로, 다도해의 거점이 되는 섬이다. 신안군에서 인구가 가장 많은 섬이며, 유인도 8개와 무인도 70개 등 총 78개 섬으로 이루어졌다.

➕수석·분재·미술관까지, 천사섬 분재공원

천사섬 분재공원은 애기동백과 더불어 일몰 명소로도 잘 알려져 있다. 환상의 일몰을 볼 수 있는 곳은 공원 윗자락에 자리한 저녁노을미술관과 전망대다. 우암 박용규 화백이 자신의 대표작을 모두 신안군에 기증하면서 건립된 저녁노을미술관에 서면 다도해, 이른바 바다정원이 큰 집 마당처럼 가깝고도 넓게 펼쳐진다. 더불어 분재원·미니수목원·생태연못·유리온실 등을 돌아볼 수 있으며, 매년 겨울이면 애기동백 개화를 축하하는 '섬겨울꽃축제'를 개최하니 참고하자.

PLACE Info.

천사섬 분재공원

FEE	어른 5000원, 청소년 3000원, 어린이 1000원
HOURS	09:00~18:00(3~9월)
	09:00~17:00(10~2월)
ADDRESS	전남 신안군 압해읍 무지개길 330
INQUIRY	061-240-8778
WITH A CHILD	곳곳이 포토 존이다. 각 장소마다 콘셉트를 정해 아이와 함께 추억을 남겨보자.

⊕ 바다정원도 보고, 숲길도 걷고, 송공산 둘레길

숲길을 걸으며 푸른 바다를 만날 수 있는 송공산 둘레길은 천사섬 분재공원에서 왕복 2시간이면 충분히 돌아볼 수 있다. 첫 번째 이정표인 팔각정은 전망대 역할을 하는 곳으로 길고 긴 천사대교를 비롯해 다도해의 전망이 한눈에 담기고, 둘레길 끝자락의 출렁다리도 걷는 재미를 돋운다. 산 중턱에 둘레길이 나 있어 아이와 함께 걷기 좋으니 꼭 들러보자. 등산 코스는 물론이고 자전거를 타고 다도해의 풍광을 만끽하는 '신안 섬 자전거길' 코스가 무려 8개나 되니 취향대로 골라 달려볼 수 있다.

PLACE Info.

송공산
등산 코스

BEST COURSE
등산로 주차장 ▶ 정상 ▶ 팔각정 ▶ 희망의 꽃길 ▶ 천사섬분재공원 ▶ 탐방로 ▶ 등산로 주차장
(예상 소요 시간 1시간 40분)

WITH A CHILD
둘레길을 걷다 보면 마주하게 되는 송공산 출렁다리. 아이들에게는 더할 나위 없이 좋은 놀이기구다. 아이와 손을 꼭 잡고 누가 누가 빨리 건너나 겨루어보는 것도 또 하나의 묘미.

알아두면 쓸모 있는
신안 트래블 노트

" 정독하고 신안 200% 즐겨보자!
전설부터 맛집까지 아는 만큼 보이는 신안 이야기 "

① 압해도의 전설
낙지가 발을 펴고 누르는 형상이라 압해도(押海島)로 불렸다. 압해도가 낙지로 유명하다는 뜻 아닐까?
📍 전남 신안군 압해읍 송공리 718-64 섬 뻘낙지 음식 특화거리

② 오도선착장
천사대교 너머 떠오르는 해를 보고 싶다면 새벽부터 부지런을 떨어야 한다. 떠오르는 해를 보며 욕심과 집착을 버려볼까?
📍 전남 신안군 암태면 신석리

③ 무화과빵
밥은 행복이고, 빵은 기쁨이니 오늘도 빵을 먹는다. 빨간 머리 앤이 반겨주는 압해도의 빵집에 들렀어요. 마시쿠만!
📍 전남 신안군 압해읍 압해로 401 마시쿠만

④ 송공산 출렁다리
송공산 출렁다리를 목적지로 삼는다면 둘레길부터 팔각정까지 체계적인 송공산 탐방이 가능하다.
📍 전남 신안군 압해읍 송공리 산 72 부근

⑤ 천사대교 전망대
1000개 이상의 크고 작은 섬으로 이뤄져 천사섬, 신안이 탄생했다. 그래서 신안을 대표하는 심벌은 '1004', '천사'가 되었다.
📍 전남 신안군 압해읍 송공리 441-8

⑥ 저녁노을미술관
저녁노을이 아름다워 미술관 이름도 저녁노을미술관이다. 북 카페가 있으며, 상설·기획 전시가 열리니 꼭 한번 들러보자.
📍 전남 신안군 압해읍 수락길 350

⑦ 신안 특산물
들기름 넉넉히 바르고 신안 천일염 솔솔 뿌려 구운 김은 빼놓으면 서운한 신안의 특산물. 곱창재래김 100장 2만5000원.
📍 천사신안아구찜식당 1층 상점에서 구매 가능

⑧ 뜨끈한 국밥 한 그릇
국물 맛이 진국인 소고기국밥에 청양고추 넉넉히 넣고 한 입 후루룩. 오도선착장과 천사섬 분재공원 사이 '화개장터' 강추!
📍 전남 신안군 압해읍 조천길 36-25, 화개장터

두 번째 여행 이야기
충남 부여

비단길 걷어내며 찰랑이는
부여의 봄

황포돛배 타고 백제의 시간을 따라 흐른다

낙화암이 자리한 부소산성과 고란사, 정림사지, 궁남지, 능산리사지와 나성이 자리한 부여왕릉원, 백제금동대향로의 감동을 고스란히 전하는 국립부여박물관 등 부여 시내에는 부여군청을 중심으로 손꼽히는 관광지가 밀집해 있다. 백제는 성왕 16년(538)에 웅진(현 공주)에서 사비(현 부여)로 천도해 660년 멸망에 이르렀다. 백마강을 유람하는 황포돛배를 타고 유네스코 세계유산 도시, 부여의 면면을 살펴본다. 비단결 같은 강물을 가르며 떠가던 황포돛배가 잠시 낙화암에 머문다. 의자왕과 삼천궁녀의 전설이 흐르는 그 낙화암이다. 백제가 멸망하며 당대의 후궁과 궁녀들은 부소산성 서쪽 낭떠러지 바위에서 몸을 던졌다. 절벽에 새긴 붉은 글씨 '落花巖(낙화암)'이 작고 소중한 것을 잊지 말라는 듯 또렷하다.

낙화암 간단 정보

충남 부여군 부여읍 백마강변의 부소산에 있는 바위.
백제가 함락되자 궁녀 3000명이 꽃잎처럼 백마강에 몸을 던졌다는 전설이 깃들었다.

부여 백마강 억새길.

➕ 부여를 오감으로 추억해볼까? 백제문화단지

백제문화단지는 사비궁, 생활문화마을, 백제역사문화관, 능사, 위례성, 고분공원의 문화단지 등으로 이뤄졌다. 사비궁에서는 백제의 의복을 입고 기념사진을 남기고 국궁 체험도 할 수 있다. 백제 건국 초기 한성기 도성의 모습을 재현해놓은 위례성도 놓칠 수 없다. 백제인의 세련된 의복을 제작하던 움집부터 백제를 세운 온조왕의 위례궁을 "검소하지만 누추하지 않았고, 화려하지만 사치스럽지 않았다"는 〈삼국사기〉 기록을 근거로 재현해놓았다.

PLACE Info.		
백제문화단지	**FEE**	어른 6000원, 어린이 3000원
	HOURS	09:00~18:00(3~11월), 09:00~17:00(12~2월)
	ADDRESS	충남 부여군 규암면 백제문로 455
	INQUIRY	041-408-7290
	WITH A CHILD	백제문화단지를 제대로 관람하고 싶다면 '전기어차' 추천! 백제문화단지를 돌아보는 데 그만이다(1시간 2만원, 30분 1만5000원).

➕ 연꽃 축제 열리는 궁남지

버드나무가 호수에 닿을 듯 가지를 늘어뜨리고, 색색의 수련이 앞 다투어 피어나는 궁남지는 백제의 별궁 연못으로 자태가 화려하다. 무왕 35년(634)에 연못을 궁 남쪽에 팠다는 〈삼국사기〉의 기록을 근거로 궁남지라 부르며, 20여 리에 달하는 수로로 물을 끌어와 연못을 조성한 것으로 전해진다. 연꽃이 만개하는 여름에는 궁남지 일원에서 '부여서동연꽃축제'가 열린다. 인근에 정림사지와 더불어 야간에도 불을 밝히니 낮도 밤도 아름답다.

PLACE Info.		
궁남지	**FEE**	무료
	HOURS	상시 개방
	ADDRESS	충남 부여군 부여읍 동남리
	INQUIRY	041-830-2880
	WITH A CHILD	궁남지 근처에는 엄청난 높이를 자랑하는 그네가 있다. 누가 누가 높이 올라가나 가족끼리 대결해보는 것은 어떨까.

알아두면 쓸모 있는
부여 트래블 노트

❝ 정독하고 부여 200% 즐겨보자!
의복 체험부터 여행 코스까지 아는 만큼 보이는 부여 이야기 ❞

① 백제문화단지 서궁
배우 장나라가 열연한 드라마 〈황후의 품격〉 명장면이 탄생한 이곳에서 백제 시대 의복을 입고 기념사진을 남길 수 있다.
📍 충남 부여군 규암면 백제문로 455

② 서동요 역사관광지 둘레길
부여 시내에서 차로 약 30분 거리인 이곳에서 출렁다리와 평온한 분위기의 덕용저수지를 감상할 수 있다.
📍 충남 부여군 충화면 신로 616, 서동요테마파크

③ 정림사
백제를 대표하는 정림사에는 국보 제9호 '부여 정림사지 오층석탑'과 보물 제108호 '부여 정림사지 석조여래좌상'이 남아 있다.
📍 충남 부여군 부여읍 동남리 254

④ 구드래조각공원
백제와 관련한 크고 작은 조각 작품을 감상하고, 싱그러운 나무에 기대어 바라보는 백마강도 또 다른 즐거움.
📍 충남 부여군 부여읍 백강로 148

⑤ 부산각서석
임금에게 바른말 하기를 서슴지 않았던 선비의 얼이 부산 절벽, 높다란 바위에 새겨져 있어 부산각서석이라 부른다.
📍 충남 부여군 규암면 신리 672

⑥ 백마강 수상 관광
찬란하고 슬픈 백제의 이야기가 흐르는 백마강. 오늘날에는 그곳에서 황포돛배, 수륙양용버스, 카약 등 다양한 액티비티도 이뤄진다.
📍 충남 부여군 부여읍 구교리 40, 구드래나루터선착장

⑦ 부여를 기억하는 실속 굿즈
사장님이 직접 만든 눈 전용 온열 팩은 전자레인지에 30초~1분간 데운 후 눈 위에 올려놓으면 피로가 가시다. 귀여운 팔 토시는 1만원.
📍 충남 부여군 부여읍 뒷개로27번길 10-1 무드빌리지

⑧ 현지인 추천 부여 여행 코스
정림사지 구드래조각공원 ▶ 구드래선착장 ▶ 황포돛배 타고 고란사선착장 ▶ 부소산성 ▶ 부산서원과 부산각서석 ▶ 진변리 마을 ▶ 백제문화단지 ▶ 서동요테마파크와 둘레길

• TRAVEL STORY •

세 번째 여행 이야기
충남 공주

세상에 둘도 없는 공주

백제문화제가 열리는 공산성

공주 시내에는 시민들의 산책로로 큰 사랑을 받는 미르섬이 자리한다. 산책에 나선 시민들 옆으로 금강이 흐르고, 그 위로 공산성이 유연한 치맛자락처럼 자태를 뽐낸다. 지난 2015년 유네스코 세계유산으로 등재된 공산성은 백제의 웅진 시기(475~538)를 대표하는 산성이다. 무령왕 대에 이르러 왕권이 강화되고 백성의 생활도 풍요로워진 백제는 성왕 16년(538)에 다시 사비(부여)로 천도를 강행한다. 희망과 도전이 응축된 시간은 오늘날 백제의 '웅진 시기'로 기억된다. 2021년 공주에서는 백제 무령왕 갱위(更位) 왕국 선포 1500주년과 무령왕릉 발굴 50주년을 맞아 백제문화제를 개최했다. 2022년 10월에도 백제 수도였던 충남 공주시와 부여군에서 역사 재현형 축제 '백제문화제'가 성대하게 열릴 예정이니 방문 시 참고하자.

미르섬 간단 정보

'섬'이라는 단어 때문에 배를 타고 들어가야 하는 줄 알았다면 오산! 금강신관공원에서 작은 다리 하나만 건너면 공산성까지 감상 가능한 미르섬에 도착한다.

1·3 공산성. 2 미르섬.

➕ 곰과 공주의 전설이 깃든 고마나루

공주시를 대표하는 마스코트 중 하나가 곰(고마곰)으로, 곰과 공주는 떼려야 뗄 수 없는 관계다. 공주 무령왕릉과 왕릉원 서쪽, 금강 변과 나루터 일대를 '고마나루'라고 한다. 이곳에는 곰을 모신 사당도 자리해 곰과 얽힌 공주의 각별한 이야기를 들어볼 수 있다. 1972년 곰사당 자리에서 백제 시대 유물로 추정되는 돌 곰상이 발견되었다. 화강암으로 만든 유물은 높이 34cm, 폭 29cm로 국립공주박물관이 소장 중이며, 사당 안에는 이 유물을 본떠 만든 돌 곰상이 놓여 있다.

PLACE Info.

고마나루

- **FEE** 무료
- **HOURS** 상시 개방
- **ADDRESS** 충남 공주시 백제큰길 2045
- **INQUIRY** 041-840-8082
- **WITH A CHILD** 차로 5분 거리에 있는 공주 연미산자연미술공원은 10m에 달하는 거대한 곰 작품을 비롯한 예술품을 탐험하듯 둘러볼 수 있다.

⊕ 시인이 사랑한 공주, 원도심

지방2급 하천인 제민천은 총연장 4.21km로 공주 시가지를 관통해 종착역인 금강으로 이어진다. 시가지 한복판을 흐르는 하천 연변에는 자연스럽게 주택과 상가가 들어서며 마을을 이뤘는데, 여행객에게는 공주 원도심 투어로 빼놓지 않고 들르는 명소가 되었다. 나태주 시인은 공주에서 교편을 잡고 이곳에 정착해 오늘날 공주를 알리는 일등공신이 되었다. 선생의 시 세계를 엿볼 수 있는 나태주풀꽃문학관, 아름다운 한옥 카페와 멋들어진 정원을 자랑하는 식당 모두 원도심에 자리하니 꼭 들러보자.

PLACE Info.		
원도심	**BEST COURSE**	추억의 하숙촌 골목길 탐방(약 1시간 소요), 반죽동 일원 ▶ 공주하숙마을 ▶ 포정사 문루 ▶ 공주역사영상관
	WITH A CHILD	1960~1970년대 공주의 하숙 문화에 대한 추억과 향수를 느낄 수 있는 공주하숙마을에서 하룻밤 묵어보는 것도 추천한다. 하숙한 경험에 관한 이야기보따리를 나눌 수 있을 것이다.

알아두면 쓸모 있는
공주 트래블 노트

66 정독하고 공주 200% 즐겨보자!
미술공원부터 세계유산까지 아는 만큼 보이는 공주 이야기 99

① 마곡사
'산사, 한국의 산지 승원' 7개 사찰 중 하나로 유네스코 세계유산에 등재된 보물과 백범 김구 선생과 인연이 깊은 장소 등을 돌아볼 수 있다.
📍 충남 공주시 사곡면 마곡사로 966

② 갑사 오리숲
봄이면 노란 황매화가 지천을 이루는 갑사 가는 길 5리(약 2km)에 걸쳐 숲을 이뤄 오리숲이라 불린다.
📍 충남 공주시 계룡면 갑사로 567-3

③ 공주 공산성
유네스코 세계유산으로 등재된 공산성은 해발 110m인 공산(公山) 정상에서 서쪽 봉우리까지 흙으로 쌓은 포곡식(包谷式) 산성이다.
📍 충남 공주시 웅진로 280

④ 공주 무령왕릉과 왕릉원
고대 왕릉 중 무덤의 주인이 확인된 유일한 능이다. 1971년 무령왕릉의 지석과 금제 관식 등을 포함해 유물 4687점을 발굴했다.
📍 충남 공주시 왕릉로 37

⑤ 정안천생태공원
공공 자전거를 대여해 정안천생태공원을 둘러보자. 연꽃정원, 메타세쿼이아길 등 아름다운 풍경을 자랑한다.
📍 충남 공주시 의당면 청룡리 918

⑥ 공주산성시장
보는 재미, 먹는 재미가 있는 시장 구경을 어찌 마다할까! 공주산성시장은 중동 147 먹자골목과도 이어져 있으니 빼놓으면 섭하다.
📍 충남 공주시 용당길 22

⑦ 공주국립박물관
무령왕릉의 신비로운 모습을 엿본다. 왕릉 출토품과 백제 부흥을 이끈 무령왕의 일대기를 다채로운 전시물로 만날 수 있다.
📍 충남 공주시 관광단지길 34

⑧ 연미산자연미술공원
연미산과 어우러진 작품을 만나볼 수 있는 이곳은 2006년 '금강자연미술비엔날레' 개최를 계기로 조성했다.
📍 충남 공주시 우성면 연미산고개길 98

• TRAVEL STORY •

네 번째 여행 이야기
전남 완도

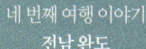

바람도 쉬어 가는 아름다운 섬

완도의 보물섬, 보길도

보길도는 청정한 자연환경에 역사 유적지, 항구 주변 어촌이 조화를 이루어 가족 단위 여행객에게 금상첨화다. 이곳은 보길도 윤선도 원림부터 예송리 일대의 상록수림, 공룡알해변, 보죽산의 부황마을, 추자도와 제주도가 바라보이는 망끝전망대, 우암 송시열 글썽바위까지 돌아볼 곳이 가득하다. 주도(主島)인 보길도를 비롯해 예작도, 장사도 등 여러 개의 섬으로 이루어진 이곳은 섬 전체가 해상국립공원으로, 높게 솟은 상록수림과 장엄하게 펼쳐진 아름다운 바다 풍광은 다른 섬에서는 느끼지 못할 특별한 정취를 자아낸다.

완도
간단 정보

265개의 크고 작은 섬이 군도를 이루어 갯벌과 해조류가 숲을 형성한다. 영양염류가 풍부해 2200여 종의 바다 생물이 서식하고 있다.

1·2·4 예송리 일대의 풍경. 3 망끝전망대.

➕ 경계가 만든 아름다운 허파, 완도수목원

완도는 연평균 기온이 14℃ 이상으로 우리나라 유일의 난대림(열대와 온대의 경계에 있는 삼림) 수목원을 보유하고 있다. 짙푸르고 거대한 상록활엽수를 사시사철 볼 수 있는 완도수목원은 약 314km²에 걸쳐 난대림을 품고 있다. 이는 전국 면적의 35%로, 770여 종의 난대 식물과 872종에 달하는 동물이 서식하고 있다. 완도수목원의 수종 중 60%를 차지하는 붉가시나무가 흡수하는 이산화탄소양은 중형 자동차 세 대가 1년 동안 배출하는 이산화탄소와 맞먹는다.

PLACE Info.

완도수목원

FEE 어른 2000원, 어린이 1000원
HOURS 09:00~18:00(하절기), 09:00~17:00(동절기)
ADDRESS 전남 완도군 군외면 초평1길 156
INQUIRY 061-552-1544
WITH A CHILD 완도수목원을 효과적으로, 유익하게 돌아보는 방법은 산림 교육 서비스를 신청하는 것. 숲해설사의 안내를 들을 수 있다.

⊕ 섬 속의 낙원, 보길도 윤선도 원림

명승 제34호로 지정된 보길도 윤선도 원림은 고산 윤선도(1587~1671)가 조성한 조선 시대 민간 정원이다. 조선 중기의 뛰어난 문신이자 시조 작가로 명성을 떨쳤으나 그는 일평생 유배, 귀향, 은둔 생활을 반복했다. 그의 생애 마지막을 보듬어준 곳이 보길도로, 이곳의 자연에 감동한 그는 51세이던 인조 15년(1637)부터 13년간 원림을 만들었다. 윤선도는 고요하고 한적한 자연의 품에서 고전 시가 중 최고 걸작으로 알려진 연시조 '어부사시사' 등을 남겼다.

PLACE Info.		
보길도 윤선도 원림	FEE	어른 3000원, 청소년 2500원
		어린이 2000원
	HOURS	09:00~18:00
	ADDRESS	전남 완도군 보길면 부황길 57
	INQUIRY	061-550-6637
	WITH A CHILD	교과서에서만 접했던 '어부사시사'를 보길도 윤선도 원림 관광정보센터에서 만나볼 수 있다.

알아두면 쓸모 있는
완도 트래블 노트

❝ 정독하고 완도 200% 즐겨보자!
해양 치유부터 천연기념물까지 아는 만큼 보이는 완도 이야기 ❞

① 세연정
따뜻한 공기와 신비로운 기운의 원시림 속에 위치한 세연정. 고산 윤선도가 책을 읽고 뱃놀이도 하며 자연을 벗 삼아 지낸 곳으로 알려져 있다.
📍 전남 완도군 보길면 부황길 57

② 망끝전망대
'땅 끝의 오타이가?' 오해했던 망끝전망대. 자도와 제주도까지 바라볼 수 있는 뛰어난 전망을 자랑하는 일몰 명소다.
📍 전남 완도군 보길면 정자리 산 148-46

③ 한 그릇의 바다
완도의 청정 바다에서 채취한 다시마, 김, 톳, 전복, 매생이의 맛은 유난히 달고 깊다. 어민의 손길까지 더해진 한 그릇의 바다를 맛보자.
📍 전복죽 1만원(귀빈식당), 전복물회 1만5000원(상화식당)

④ 장보고기념관
장보고 동상과 함께 그가 이룩한 놀라운 업적을 다양한 전시물로 만난다. 기념관 앞의 목책다리)은 장도가 청해진 본영임을 나타내는 유물이다.
📍 전남 완도군 완도읍 청해진로 1455

⑤ 완도의 해양 치유
완도는 해양자원을 적극 활용한 프로그램을 운영하고 있다. 해변에서 바른 자세로 걷는 노르딕 워킹, 요가부터 해조류로 만든 음식까지 맛볼 수 있다.
📞 061-550-5681, 5682(완도군청 해양치유지원팀)

⑥ 우암 송시열 글씐바위
조선 후기 대유학자인 우암이 제주 유배길에 올라 경치가 좋은 이곳에서 잠시 쉬며 임금에 대한 서운함과 그리움을 시로 지어 바위에 새겨놓았다.
📍 전남 완도군 보길면 중통리

⑦ 예송리 전망대
전망대에 오르면 약 300년 전 태풍을 막기 위해 주민들이 만든 천연기념물 제40호상록수림 일대를 조망할 수 있다.
📍 전남 완도군 보길면 예송리 산 110

⑧ 보옥항
하얀 등대를 목적지로 두고 찾아가니 이곳이 바로 보옥항. 방파제 근처에서 만난 작은 물고기들과 정박한 배, 항구의 낯이 여유롭다.
📍 전남 완도군 보길면 부황리

• TRAVEL STORY •

다섯 번째 여행 이야기
전남 장흥

장흥의 별별 여름

낮엔 정남진물과학관, 밤엔 정남진천문과학관

아이들과 함께 장흥에서 휴가를 보낸다면 정남진물과학관은 필수 코스다. 지상 4층 규모의 물과학관은 연못과 원형 수족관이 있는 1층 홍보관부터 과학체험관, 4D영상관, 휴게 공간 등으로 구성되어 있다.

지난 2006년 개관한 정남진천문과학관도 놓치면 서운하다. 관람객들은 천체투영실에서 우주여행을 시뮬레이션하고, 계절별 별자리에 대한 실감 나는 이야기도 들어볼 수 있다. 기상 조건과 상관없이 첨성대 디오라마, VR(Virtual Reality, 가상현실) 우주 비행 등 흥미로운 전시물을 관람하고 체험도 할 수 있으니 날씨가 흐려도 꼭 들러보자.

장흥 간단 정보

'정남진(正南津)'은 정동진이 서울 광화문에서 정동쪽으로 내달으면 도착하는 나루라는 유래에서 착안한 장흥군의 지역 이미지 브랜드다.

1·3 정남진천문과학관. 2 정남진물과학관.

➊ 정남진 편백숲우드랜드에서 피톤치드 샤워

장흥에는 호남의 5대 명산 중 하나인 천관산부터 보림사가 있는 가지산, 그리고 수려한 경관을 뽐내는 억불산 등이 위치한다. 억불산 자락에는 수령 40년 이상 된 아름드리 편백나무가 약 100만m^2에 걸쳐 군락을 이루는 정남진 편백숲우드랜드가 자리한다. 우드랜드 입구에서 정상까지는 총 3.8km로 산책하듯 가볍게 오르기 좋다. 노약자와 장애인도 편안하게 삼림욕을 즐길 수 있는 말레길을 비롯해 목재문화체험관, 생태건축 체험장, 편백소금집 등 다양한 부대시설을 이용할 수 있다.

PLACE Info.

정남진 편백숲우드랜드

FEE 어른 3000원, 청소년 2000원, 어린이 1000원
HOURS 09:00~18:00
ADDRESS 전남 장흥군 장흥읍 우드랜드길 180
INQUIRY 061-864-0063

WITH A CHILD 단체 여행을 떠날 계획이라면 유아 숲 체험원에 미리 연락해보자. 3월부터 12월까지 자연과 교감할 수 있는 프로그램을 운영하고 있다.

➕ 행복하고 건강한 장흥에서 누리는 여름휴가

산 좋고 물 좋은 장흥을 만끽하는 데 캠핑만큼 좋은 방법은 없을 것이다. 혹여 캠핑 장비가 없더라도 실망은 금물. 휴양림의 편백나무집, 수목원의 글램핑, 캠핑장의 캐러밴 등 다양한 방법으로 아름다운 자연을 벗 삼아 하루를 보낼 수 있다. 장흥 시내에서 차로 15분 정도 떨어진 유치자연휴양림은 입구부터 맑은 새소리와 계곡물 소리가 마음을 평온하게 한다. 장흥에서도 자연환경이 뛰어나기로 손꼽히는 휴양림은 천연림이 70~80%를 차지한다.

PLACE Info.

유치자연휴양림

FEE 성수기 – 어른·청소년 2000원, 어린이 1000원
비수기 – 어른·청소년 1000원, 어린이 800원
HOURS 07:00~20:00
ADDRESS 전남 장흥군 유치면 휴양림길 154
INQUIRY 061-863-6350
WITH A CHILD 계곡을 중심으로 숲속의집 뒤편 4부 능선에 조성한 산책로 1코스를 걸어볼 것.

알아두면 쓸모 있는
장흥 트래블 노트

"정독하고 장흥 200% 즐겨보자!
갯장어부터 체험관까지 아는 만큼 보이는 장흥 이야기"

① 정남진물과학관
연못과 원형 수족관이 있는 1층 홍보관부터 과학체험관, 4D 영상 등으로 구성되어 다양한 바다 생물을 보고 물의 원리를 배울 수 있다.
📍 전남 장흥군 장흥읍 행원강변길 20

② 탐진강
장흥댐부터 장흥읍 중심을 지나 남해로 흘러가는 1급수로 전라남도 3대 강 중 하나다. 강을 따라 산책을 즐기기 좋다.
📍 전남 장흥군 용산면

③ 보림사
보림사는 동양의 3대 보림 중 하나다. 대적광전에는 국보 제117호로 지정된 보림사 철조비로자나불좌상이 모셔져 있다.
📍 전남 장흥군 유치면 보림사로 224

④ 정남진전망대
태양, 황포 돛대 등을 형상화한 전망대에서 득량만 일대와 고흥 소록도, 거금대교, 완도 등을 조망할 수 있다. 특히 일출은 장관 중의 장관.
📍 전남 장흥군 관산읍 정남진해안로 242-58

⑤ 하늘빛수목원
함지봉 자락 약 9만9000m²(3만 평)의 대지에 피어난 300여 종의 수목과 1000여 종의 다양한 야생화, 초화류로 매년 4월 튤립 축제를 개최하는 이곳은 글램핑장도 함께 운영한다.
📍 전남 장흥군 용산면 장흥대로 2746

⑥ 별빛밤바다 캠핑장
장흥 곳곳에는 자연과 벗 삼아 하룻밤 보낼 수 있는 멋진 장소가 많다. 캠핑 장비가 없다면 글램핑과 카라반, 나무로 만든 집에서 하룻밤 숙박하는 것을 추천한다.
📍 전남 장흥군 회진면 가학회진로 1020-21

⑦ 갯장어 샤부샤부
양식하기 어려워 귀한 대접을 받는 갯장어는 약재를 넣고 푹 우린 육수에 살짝 익혀 먹으면 입에서 살살 녹는다.
📍 전남 장흥군 안양면 한승원산책길 158, 여다지회마을

⑧ 된장물회
장흥에서 탄생된 된장물회도 여름에 꼭 먹어봐야 할 별미. 잘 익은 열무김치와 된장을 넣어 끓인 국물 맛이 칼칼하다.
📍 전남 장흥군 장흥읍 동교3길 25-1, 싱싱회마을

TRAVEL STORY

여섯 번째 여행 이야기
울산광역시

오색이 찬란하다

정원 도시 울산, 태화강 국가정원

태화강전망대에 서면 태화강 국가정원의 십리대숲이 도심 한가운데 정박한 섬처럼 바람에 흔들리는 것이 보인다. 한때 죽음의 강으로 불렸다는 사실이 믿기지 않는 아름다움이다. 태화강과 동해가 만나는 해안 지역을 중심으로 대규모 공단이 들어서 태화강과 주변 생태계(태화강 국가정원)는 시름시름 앓았다. 태화강을 살리기 위해 수많은 시민, 기업, 환경 단체, 시가 하나 되어 나섰다. 그리고 지난 2019년 7월 12일, 울산 태화강 지방정원은 우리나라 제2호 국가정원으로 지정되어 오늘날 백로, 떼까마귀, 은어와 연어가 살아 숨 쉬는 생태계의 보고로 자리한다.

태화강
간단 정보

상류에서는 멸종위기종인 수달이 발견되고, 중류에서는 백로류의 번식지로, 하류에는 연어가 지속적으로 회귀하고 있어 그야말로 생태계의 보고라고 할 수 있다.

➕ 백로가 노니는 선바위와 태화강생태관

태화강생태관은 남녀노소 누구에게나 유익한 공간이다. 태화강에 서식하는 민물고기의 서식지 환경에 맞춰 수조 크기와 모양도 가지각색이라 더욱 흥미롭다. 태화강 상류는 물길이 S자로 굽어 깊은 웅덩이와 물살이 빠른 여울이 나타나는 탓에 차갑고 물속 산소가 많은 것이 특징. 하류는 하천 폭이 넓고 수심이 깊어 작은 갈대숲을 비롯한 식물 군락이 형성되어 있다. 강물 속을 직접 탐험하는 기분이 들게 하는 커다란 야외 관람 수조에서는 붕어, 잉어, 황어, 누치가 유유히 헤엄친다.

PLACE Info.

태화강생태관

FEE 어른 2000원, 청소년 1500원, 어린이 1000원
HOURS 09:00~18:00
ADDRESS 울산시 울주군 범서읍 구영로 31
INQUIRY 052-204-1650
WITH A CHILD 2층 어린이 탐험관에서 물의 소중함을 일깨워주는 생태 자석 붙이기, 물고기 퍼즐, 스크래치 체험 등의 프로그램을 진행하고 있다.

➕ 가지산의 숨은 비경, 석남사

태화강백리대숲의 마지막 지점인 석남사는 영남 알프스로 불리는 영남 9봉 중 가장 높은 산인 가지산 기슭에 자리한다. 일주문에서 경내까지는 하늘을 가리는 숲길이 이어지는데 어떤 소나무는 마치 하늘로 승천하는 용의 모습 같아 입이 떡 벌어진다. 비구니 수도 도량인 석남사 경내는 안온한 분위기로 그득하다. 비에 젖은 단청은 더욱 고색창연하고 그사이 홍자색 꽃 피운 배롱나무는 자연, 역사와 어우러지는 또 다른 태화강 국가정원 같다.

PLACE Info.

석남사		
	FEE	어른 2000원, 청소년 1500원, 어린이 1000원
	HOURS	09:00~18:00(하절기), 09:00~16:30(동절기)
	ADDRESS	울산시 울주군 상북면 석남로 557
	INQUIRY	052-264-8900
	WITH A CHILD	석남사 바로 앞 계곡은 아이 무릎 정도로 깊어서 아이와 함께 즐기기 좋다. 작은 물고기도 살고 있으니 뜰채 등 도구를 가져가 체험해보자.

알아두면 쓸모 있는
울산 트래블 노트

66 정독하고 울산 200% 즐겨보자!
전설부터 건축양식까지 아는 만큼 보이는 울산 이야기 99

① 십리대숲 은하수길
왕대 종류의 대나무가 10여 리에 걸쳐 조성되어 십리대숲이라는 이름이 붙었다. 일몰 시간이면 불이 들어와 아름다운 야간 정원으로 변모한다.
📍 울산시 중구 태화동 태화지구 은하수길

② 태화루
옛 시인 묵객이 태화루의 아름다운 풍경을 노래했다. 임진왜란 전후 사라진 태화루는 2014년 고려 시대 건축양식을 참조해 복원했다.
📍 울산시 중구 태화로 300

③ 태화강전망대
해설사에게 태화강 일대에 대한 깊이 있는 설명을 들을 수 있다. 360도 회전하는 전망대의 카페는 울산 시민에게 사랑받는 장소!
📍 울산시 남구 무거동 1

④ 십리대밭교
울산의 상징인 고래와 백로를 형상화한 다리를 이용해 태화강 국가정원 내 중구와 남구를 안전하게 오간다.
📍 울산시 남구 신정동

⑤ 태화강 백리대숲(태화강 백리길)
태화강을 따라 조성한 자전거길을 달려 울산의 명소를 둘러본다. 명촌교에서 석남사까지 40km 구간을 4개 코스로 만날 수 있다.
📍 태화강 중류 태화교와 삼호교 사이 강변

⑥ 선바위
수면 위로 솟구친 바위의 높이는 21.2m에 달한다. 백룡이 살았다는 전설을 간직한 신비로운 바위 뒤로는 십리대숲이 펼쳐져 있다.
📍 울산시 울주군 범서읍 모두박길 6-1

⑦ 태화강동굴피아
일제강점기에 군수물자 등을 보관하려 세운 인공 동굴. 광복 후 불법 간이주점으로도 이용되었는데 현재는 휴식공간을 운영 중이다.
📍 울산시 남구 남산로 306

⑧ 입화산자연휴양림 별뜨락
도심 가까이에서 자연을 느낄 수 있다. 카라반마다 작은 마당도 딸려 있어 가족과 함께 오붓한 시간을 즐기기 좋다.
📍 울산시 중구 길촌길 333

• TRAVEL STORY •

일곱 번째 여행 이야기
전북 익산

달님은 아실 거야
익산의 주인공을

이리로, 솜리로, 아니 익산으로

1995년 전북 이리시와 익산군이 통합되어 오늘날 익산시가 탄생했다. 이리(裡里)는 '속에 있는 마을'이라는 뜻으로 '솜리', '솜리'라는 순우리말 지명을 일제강점기에 한자로 옮긴 것이다. 익산역 코앞이라고 할 만큼 가까운 거리에 익산 문화 예술의 거리로 조성한 '익산 솜리 근대역사문화공간'이 자리한다. 광복 이후 만들어진 주단과 바느질 거리, 당시의 시대상을 고스란히 간직한 건축물 등이 잘 보존되어 근현대사를 다룬 드라마의 한 장면을 그대로 옮겨온 듯하다.

익산
간단 정보

왕궁리 유적과 국보 제289호 왕궁리 오층석탑이 있으며, 국보급 유물 505점이 출토되어 문화적으로 우수한 평가를 받는 도시다.

➕선녀가 웃음 짓는 금마저수지

금마저수지 일원의 서동공원은 1990년부터 조성을 시작해 2004년 개장했다. 박물관, 야외조각공원, 잔디광장, 수변 덱(Deck) 길을 갖춘 익산 시민의 쉼터이자 생태관광지로서 사람은 물론 원앙이며 백로, 새들도 편히 쉴 수 있도록 가꿔나가고 있다. 시간이 허락한다면 서동공원에서 약 23km 거리의 용안생태습지공원도 들러보자. 봄에는 유채꽃이, 가을에는 갈대가 사람들의 정서를 홀리는 공원은 강둑길을 따라 조성된 약 5km의 바람개비길과 식물관찰원, 조류전망대 등이 자리한다.

PLACE Info.

서동공원

FEE 무료
HOURS 상시 개방
ADDRESS 전북 익산시 금마면 고도9길 41-14
INQUIRY 063-836-7461
WITH A CHILD 아이들에게 향가 '서동요'에 얽힌 서동과 선화공주의 배경 설화를 이야기해주며 산책로를 걸어보는 것은 어떨까.

➕ 백제인의 마음이 깃든 미륵사지

백제 시대 최대 사찰이던 익산 미륵사는 무왕 대에 창건한 것으로 전해진다. 왕과 왕비가 함께 사자사에 가는 길, 용화산(미륵산) 밑 연못에 미륵 삼존이 나타난다. 왕비의 부탁으로 무왕은 이 연못을 메우고 세 곳에 탑, 금당, 회랑을 세운다. 2019년 4월 30일에는 무려 20년 만에 해체·보수 작업을 마친 국보 제11호 미륵사지석탑이 공개되었다. 3개의 탑 중 서쪽에 위치한 이 탑은 6층까지의 높이가 약 14.2m, 상하 2층으로 구성된 기단의 전체 폭은 약 12.5m다.

PLACE Info.		
미륵사지	FEE	무료
	HOURS	09:00~18:00(국립익산박물관)
	ADDRESS	전북 익산시 금마면 기양리 32-7
	INQUIRY	063-859-3873
	WITH A CHILD	사리 봉영기를 필독한 결과, 미륵사가 백제 무왕 시대에 창건됐다는 기록이 사실로 입증되었다는 것을 설명해주는 것도 좋겠다.

알아두면 쓸모 있는
익산 트래블 노트

❝ 정독하고 익산 200% 즐겨보자!
공룡 탐험부터 백제 유적까지 아는 만큼 보이는 익산 이야기 ❞

① 다이노키즈월드
거대한 공룡 모형뿐 아니라, 아트 클라이밍, 서바이벌 게임, 트램펄린 점프 등 다채로운 시설물을 이용할 수 있다.
📍 전북 익산시 왕궁면 호반로 8

② 익산 왕궁리 유적
사적 제408호인 이곳은 백제 후기 무왕(재위 600~641) 때 조성된 왕궁터로 추정되며, 궁이 있던 자리에 사찰이 들어섰던 것으로 보인다.
📍 전북 익산시 왕궁면 궁성로 666

③ 구룡마을 대나무 숲
마을 입구에 난 작은 길을 들어서자 엄청난 규모의 대나무 숲이 열린다. 시원한 바람이 부는 대숲에서 익산을 추억한다.
📍 전북 익산시 금마면 신용리, 구룡마을

④ 익산 미륵산성
구룡마을 대나무 숲 위로 미륵산성이 자리한다. 둘레 약 1287m, 높이 2.4m로 성내에서 백제 토기 등이 출토되었다.
📍 전북 익산시 금마면 신용리 산 124-1

⑤ 익산보석박물관
11만 점이 넘는 보석과 화석을 소장하고 있다. 다양한 원석에 대해 이해하고 장신구가 되는 과정들을 흥미롭게 관
📍 전북 익산시 왕궁면 호반로 8

⑥ 익산 교도소 세트장
감옥이 등장하는 우리나라 대부분의 영화, 드라마를 이곳에서 촬영했다고 해도 과언이 아니다. 유치장, 감옥 등이 실감나게 조성되어 있다.
📍 전북 익산시 성당면 함낭로 207

⑦ 용안생태습지공원
친환경 생태습지공원. 수련, 갈대, 유채꽃이 사계절을 장식하며 바람개비길은 자전거 하이킹 코스로 유명하다.
📍 전북 익산시 용안면 난포리 313-13

⑧ 익산문화예술의거리
익산역을 중심으로 변화한 100여 년의 역사를 엿볼 수 있다. 백화점, 주택, 의원 등 당대를 밝힌 건축물 등은 등록문화재로 지정되었다.
📍 전북 익산시 평화동 311-17

• TRAVEL STORY •

여덟 번째 여행 이야기
충남 보령

보령해저터널 타고 원산도로

어제는 배를 탔지만 오늘은 터널을 타고

보령해저터널 개통으로 대천항에서 원산도까지 차로 6분이면 이동이 가능해졌다. 보령 하면 가장 먼저 떠오르는 여행지로 원산도를 꼽는 사람도 많아질 것이 틀림없다. 섬이라고 해서 하루 만에 다 돌아볼 만큼 작고 고만고만할 거라고 생각했다면 오산. 커다란 관광 지도를 살펴보니 선착장은 '선촌' 말고 '저두'도 있으며 크고 작은 산, 해수욕장, 야영장, 소나무 숲이 곳곳에 자리하고 있다. 밤섬 부근은 간조 때가 되면 드넓은 갯벌이 드러나는데, 반대편 백사장에는 푸른 서해 바다가 완만히 펼쳐져 사람들이 즐거운 한때를 보낸다. 참 다채로운 섬이다.

원산도
간단 정보

바다로 돌출된 2개의 봉우리를 중심으로 같은 해안의 백사장이 원산도해수욕장, 사창해수욕장, 오봉산해수욕장 등으로 나뉜다.

➕ 번잡하지 않아 여유 가득한 사창해수욕장

원산도의 갯벌과 갯바위는 꽃바래기, 청각, 말, 대속, 낙지, 해초와 조개 등 바다 생물로 가득하다. 다가서면 작은 구멍으로 발 빠르게 숨기 바쁜 녀석들을 잡으러 어린아이들이 고사리손을 부지런히 놀린다. 비교적 수온이 따뜻하고 수심이 얕은 서해 바다는 아이들 물놀이 장소로 으뜸이라 원산도는 특히 가족 여행객에게 사랑받는다. 특히 사창해수욕장은 모래사장 한가운데 갯바위가 발달한 지형으로 특이한 해수욕장 풍광을 볼 수 있으며, 갯벌 체험과 갯바위 낚시도 함께 즐길 수 있다.

PLACE Info.

사창해수욕장

HOURS 상시 개방
ADDRESS 충남 보령시 오천면 원산도리
INQUIRY 041-930-6860

WITH A CHILD
바다 캠핑장으로 불리는 덱이 있어 야영이나 차박이 가능하다. 아는 사람은 이미 다 아는 차박 성지로 유명하다고. 개수대와 화장실, 주차장도 완비했다.

➊ 일출과 일몰을 동시에, 원산도해수욕장

원산도해수욕장은 원산도 내 해수욕장 중 가장 넓은 백사장을 자랑하며, 서해안의 다른 해수욕장과 달리 남쪽을 바라보고 있는 덕분에 일출과 일몰을 동시에 감상할 수 있다. 여기에 해수욕장을 둘러싼 울창한 소나무 숲, 원산도관광발전협의회가 운영하는 소록도야영장도 잘 조성되어 있다. 원산도해수욕장 안에는 섬은 아니지만 섬 형태와 닮은 '소록도'가 자리한다. 소록도를 기준으로 해수욕장이 나뉘는데, 서로 풍광이 달라 마치 다른 해수욕장 같다.

PLACE Info.		
원산도해수욕장	**HOURS**	매년 7~8월 개장
	ADDRESS	충남 보령시 오천면 원산도리
	INQUIRY	041-932-2023
	WITH A CHILD	물때를 맞춰 가면 살아 숨 쉬는 소라, 고둥, 조개 등을 잡을 수 있다. 어민을 위해 너무 많이 캐는 것은 지양하고 조개껍데기를 주워봐도 좋겠다. 간단한 도구를 챙겨 나가보자.

알아두면 쓸모 있는
보령 트래블 노트

❝ 정독하고 보령 200% 즐겨보자!
터널부터 해수욕장까지 아는 만큼 보이는 보령 이야기 ❞

① 원산안면대교
2019년 12월 원산안면대교가 개통했다. 덕분에 보령 원산도와 태안 영목항은 차로 4분 정도 걸릴 만큼 가까워졌다.
📍 충남 태안군 고남면 고남리

② 오봉산
해발 118m의 오봉산. 서해 바다를 물들이는 낙조, 오로봉(봉수대)을 둘러볼 수 있는 원산도 히든 스폿이다.
📍 충남 보령시 오천면 원산도리

③ 소록도야영장
원산도관광발전협의회가 직접 운영하는 야영장. 울창한 소나무 숲과 함께 서해 바다가 어우러져 하룻밤 머물기 좋다.
📍 충남 보령시 오천면 원산도3길 116-165

④ 보령해저터널
6927m 길이의 국내 최장 해저터널. 이 터널을 통해 대천항에서 원산도가 차량으로 6분, 태안 영목항까지 불과 10분 만에 이동이 가능해졌다.
📍 충남 보령시 오천면 원산도리

⑤ 오봉산해수욕장
원산도 서쪽 끝 오봉산 자락에 위치한다. 폭 900m가량의 아담한 해안으로 고운 모래언덕이 층을 이뤄 경관이 빼어나다.
📍 충남 보령시 오천면 원산도리

⑥ 구치해수욕장
부드럽고 단단한 모래사장과 해식애가 형성되어 아름다운 절경을 자랑한다. 조금만 지나면 원산도해수욕장이 나타난다.
📍 충남 보령시 오천면 원산도리

⑦ 대천항
예부터 항구는 '만남'과 '맛남'의 장소. 푸른 기백이 가득한 대천항을 둘러보고 대천항수산시장에서 싱싱한 해산물도 만난다.
📍 충남 보령시 신흑동 1250

⑧ 원산도커피
여행지 원산도의 매력을 느긋이 감상해보자. 초전항 근처에는 원산도를 배경으로 그윽한 커피를 맛볼 수 있는 대형 카페가 자리한다.
📍 충남 보령시 오천면 원산도5길 102

• TRAVEL STORY •

아홉 번째 여행 이야기
경북 영주

반짝이는 시간을 길어 올린다

어진 사람 되는 법을 알려주는 소수서원

어버이 품처럼 한없이 깊고 너른 소백산이 품은 도시. 오늘날의 시인 묵객이 영감을 얻고, 가슴에 아로새긴 경북 영주다. 영주는 선비 정신이 깃든 소수서원을 비롯해 풍기 인삼·인견, 영주 사과 등의 특산품으로도 잘 알려져 있다. 선비의 곧은 절개를 상징하는 노송이 숲을 이루는 소수서원의 둘레길을 찬찬히 걷는다. 큰 어른으로 존경받는 퇴계 이황과 유생들이 이곳에서 가정, 조직, 사회의 안위를 걱정하고 어진 사람 되는 법을 평생에 걸쳐 배웠을 것이다.

소수서원 간단 정보

사적 제55호 소수서원은 유네스코 세계유산에 등재된 '한국의 서원' 아홉 곳 중 하나다. 숙수사지 당간지주(제59호), 강학당(제1403호) 등의 보물을 보유하고 있다.

➕ 물 위에 떠 있는 섬, 무섬마을

한때 무섬마을은 '물섬'으로도 불렸다. 일제강점기에 붙인 '수도리'라는 한자 지명도 물 수(水), 섬 도(島)에서 가져왔다. 부르다 보니 물섬이 무섬이 되었는데, 내성천이 마을 뒤편을 휘돌아가는 모습이 마치 물 위에 떠 있는 섬과 같은 데서 기인했다. 무섬마을은 현재도 50여 가구가 생활하며 해우당고택, 만죽재고택 등 조선 시대 사대부 가옥이 잘 보존돼 있다. 세월이 흘러 마을 안까지 차로 이동할 수도 있지만, 강물 위에 실타래처럼 놓인 외나무다리를 건너 마을을 들고 나는 묘미를 놓칠 수 없다.

PLACE Info.

무섬마을		
	ADDRESS	경북 영주시 문수면 수도리
	INQUIRY	054-638-1127

WITH A CHILD
천지인 전통사상체험관
무섬마을 가까이 자리한 이곳에서 천문관, 풍수지리관, 인관 등 주요 전시 체험관과 함께 〈유미의 세포〉 같은 인기 웹툰을 테마로 한 방 탈출 게임 등의 콘텐츠를 함께 체험해보자.

➕ 걷고, 달리고, 머물고, 영주호

2016년 12월 영주댐을 준공하며 일대는 거대한 생태 관광지로 변모했다. 광활하고 푸른 영주호를 한눈에 담을 수 있는 용마루공원Ⅰ, 영주호를 관통하는 용천루 출렁다리(용미교, 용두교)를 건너면 용마루공원Ⅱ. 고즈넉한 산책로를 따라 걸으면 하얀 건축물이 인상적인 옛 역사가 나타난다. 산들산들 물결을 스치고 가는 바람에 마음속 일렁이는 번잡함은 저절로 내려놓게 된다. 잠시 스치고 가기엔 아쉽다면 영주호에서 하룻밤 추억을 쌓는 것도 가능하다.

PLACE Info.

영주호	**ADDRESS**	경북 영주시 평은면 금광리 1401, 용마루공원Ⅱ
	WITH A CHILD	**영주호오토캠핑장** 캠핑 장비가 없어도 걱정하지 말자. 목조 주택인 캐빈하우스, 4인에서 8인까지 넉넉한 카라반, 100여 개 넘는 덱 사이트, 오토 사이트 등이 있다. 해가 진 후 캠프파이어를 빼놓으면 섭섭하다. 마시멜로와 크래커를 꼭 챙겨 가자.

알아두면 쓸모 있는
영주 트래블 노트

❝ 정독하고 영주 200% 즐겨보자!
자전거 코스부터 떡볶이 맛집까지 아는 만큼 보이는 영주 이야기 ❞

① 무섬마을 외나무다리
U자 모양의 완만한 내성천 안에 깃든 마을에 자리한 외나무다리는 무섬마을의 명물이자 레드 카펫이다.
📍 경북 영주시 문수면 수도리

② 부석사
2018년 유네스코 세계유산에 등재돼 전 국민적 사랑을 받은 부석사는 언제, 어느 때 찾아도 보물 같은 곳이다.
📍 경북 영주시 부석면 부석사로 345

③ 용천루 출렁다리
출렁다리를 지나면 완만한 산책로를 따라 가까이에서 영주호를 감상할 수 있고, 평은역사가 복원되어 운치를 더한다.
📍 경북 영주시 평은면 금광리 1401, 용마루공원 내

④ 자전거 타고 영주 한 바퀴
서천(4km)·풍기 소백산역(16.7km)·순흥 소수서원(12.5km)·문수 무섬마을(11.2km) 구간으로 자전거도로가 조성되어 있다.
📍 경북 영주시 영주동, 영주시자전거 공원

⑤ 영주365시장
1941년 영주에 기차역이 영업을 시작하면서 생겨난 영주골목시장, 선비골전통시장, 영주문화시장을 특화시장으로 발전시켰다.
📍 경북 영주시 구성로 360번길 2-1

⑥ 동양순대
동양순대는 소상공인시장진흥공단이 운영하는 '백년가게'에 선정된 곳으로 2대째 수제 순대를 선보인다.
📍 경북 영주시 중앙로83번길 33

⑦ 영주랜떡
영주는 떡볶이 맛집이 많다. 상표등록까지 한 랜떡은 쫄깃하고 푸짐한 가래떡과 양배추, 두툼한 어묵이 주재료다.
📍 경북 영주시 중앙로83번길 26-1

⑧ 영주댐전망대
용마루공원 I에 자리한 전망대의 108개 계단을 오르면 시원하게 펼쳐진 영주호의 전경을 한눈에 담을 수 있다.
📍 경북 영주시 평은면 금광리 일원

• TRAVEL STORY •

열 번째 여행 이야기
강원 평창

평창 남쪽, 평화가 있어

평창강 따라 평창읍 한 바퀴

평창돌문화체험관에서 노람뜰탐방로, 남산수변데크로, 평창올림픽시장으로 이어지는 평창로드는 평창읍을 휘감으며 흐르는 평창강을 따라 조성한 트레킹 코스다. 리드미컬한 강물 소리를 벗 삼아 굽이굽이 나무 덱을 따라 걷노라면 시름 따위는 먼 일이 된다. 지척에 자리한 장암산에는 패러글라이딩 활공장이 자리해 액티비티에 도전해볼 수 있다. 남산수변데크로에서 평창교를 건너면 평창올림픽시장이 나타난다. 특히 평창올림픽시장은 강원도에서 가장 먼저 메밀부치기를 만든 전통이 있다고 전해진다. 장날에는 메밀전, 메밀전병, 감자전 굽는 냄새가 방문객을 유혹한다.

평창돌문화체험관 간단 정보

국내 최대 규모의 수석 전시관. 국내 수석 애호가들이 기증한 전국의 진귀한 수석 600여 점을 만날 수 있다.
입장료는 어른 2000원, 어린이 1000원.

➕흑염소와 함께 캠핑하는 산너미목장

산너미목장 가장 높은 꼭대기, 육십마지기로 향하는 언덕길에 까만 그림자들이 낯선 객을 쳐다본다. 목장에서 방목하는 흑염소들이다. 산너미목장은 흑염소를 1차 산업으로, 그 안에서 차박 캠핑장으로 영역을 넓혀 새로운 도전을 시작했다. 이제 운영한 지 1년인데 입소문이 퍼져 찾아오는 사람들이 늘어나고 있다. 오르막길을 내달리는 흑염소가 있고, 그 이는 미인보다 아름다운 낙엽송이 숲을 이루는 곳에서 진정한 휴식을 취한다.

PLACE Info.		
산너미목장	**FEE**	산너미 차박 1박 기준 3만~6만원
	HOURS	10:00~19:00
	ADDRESS	강원 평창군 미탄면 산너미길 210
	INQUIRY	0507-1396-8122
	WITH A CHILD	흑염소 먹이 주기 체험은 필수 코스! 흑염소와 교감하는 경험은 아이들에게 특별한 선물이 될 것이다.

➕ 평창 남부권 제1 명소, 육백마지기

청옥산 육백마지기는 평창 남부권에서 제일가는 명소다. '마지기'는 논밭의 넓이를 나타내는 단위로 한 말의 씨앗을 뿌릴 만한 논의 넓이, 수확량으로는 벼 네 가마를 수확할 수 있는 면적을 가리킨다. 해발 1256m의 청옥산 꼭대기에 자리한 육백마지기는 1960년대 화전민이 직접 땅을 개간한 드넓은 평원으로, 우리나라 최초의 고랭지 채소밭이다. 고도가 높아 여름에도 모기를 찾아볼 수 없을 만큼 청정하고, 전망이 아름다워 철마다 무수한 사람이 찾는다.

PLACE info.		
육백마지기	**FEE**	무료
	HOURS	상시 개방
	ADDRESS	강원 평창군 미탄면 회동리
	WITH A CHILD	평창읍 시내를 돌아보는 기본 코스와 청옥산 육백마지기 특별 구간을 탐방하는 힐링 관광 투어로 이뤄진 스탬프 투어를 즐겨보자! 미션 완료 시 기념품도 받을 수 있다.

알아두면 쓸모 있는
평창 트래블 노트

❝ 정독하고 평창 200% 즐겨보자!
송어부터 장날까지 아는 만큼 보이는 평창 이야기 ❞

① 평창남산산림욕장
평창강 제방을 따라 무장애 수변 덱(deck) 길을 걸어도 좋고, 송학루에 올라 일대 전망도 감상할 수 있다.
📍 강원 평창군 평창읍 상리 산 48-1

② 메밀 주산지
우리나라 메밀 주산지 중 하나인 평창에는 곳곳에서 메밀로 만든 다양한 메뉴를 맛볼 수 있다. 오래 씹을수록 맛이 살아나는 평창의 메밀. 막국수, 전병, 전, 빵 등 메뉴도 다양하다.

③ 1급수에서만 자라는 송어
한류성 어종인 송어는 15℃ 내외의 찬물, 청정한 1급수에서만 자란다. 서식 환경이 까다로워 양식하기 어려웠는데, 1965년 강원도 평창에서 최초로 양식에 성공했다.

④ 장암산
해발 700m 정상부에는 '장암산 활공장(해피 700활공장)'이 자리한다. 백두대간의 수려한 산세와 전망대에서 바라보는 풍경이 아름답다.
📍 강원 평창군 평창읍 여만길 189-7

⑤ 노람뜰탐방로
절벽에 세운 길을 일컫는 잔도에 가깝다. 장암산과 평창강 사이의 절벽 아래 덱을 조성해 강바람을 맞으며 산책하는 기분이 근사하다.
📍 강원 평창군 평창읍 상리 310-3

⑥ 평창바위공원
평창강 변에 자리한 노람뜰 일원의 평창바위공원은 금수강산바위, 돌고래바위, 선녀바위, 황소바위라 이름 지은 거대한 바위들이 자리한다.
📍 강원 평창군 평창읍 중리 357

⑦ 청옥산
해발 1256m 청옥산 정상의 육백마지기에는 거대한 풍력발전기가 돌아간다. 언제나 으뜸인 풍광에 사시사철 수많은 사람이 찾는다.
📍 강원 평창군 미탄면 회동리

⑧ 평창올림픽시장
평창버스터미널이 유독 붐비는 날은 바로 장날(매월 끝자리가 5, 0인 날)이다. 제철 먹거리며 식물, 생필품 등 다양한 노점이 장사진을 이룬다.
📍 강원 평창군 평창읍 평창시장길 8-1

• TRAVEL STORY •

열한 번째 여행 이야기
전북 완주

눈 쌓인 숲과 절정의 순간

몸과 마음에 이로운 힘 가득

간밤에 하늘은 쉼 없이 눈을 내려보냈다. 눈 내리는 소리에 잠들어 있던 먼지들도 놀라 깨어났다. '무슨 일이야? 이 눈이 다 뭐야?' 한 해를 분주히 보내느라 애썼다고, 잠시 쉬어 가라고 이렇게 두꺼운 이불을 온 사방에 깔아놓은 걸까. 천천히 한 발 한 발 내딛어 완주 공기마을 편백나무 숲으로 들어간다. 밥공기를 닮았다 하여 공기마을이라 부른다. 주민들은 마을을 바라보는 경각산 한 줄기에 편백나무를 심었다. 현재는 편백나무 10만 그루, 잣나무 6000그루, 삼나무, 낙엽송, 오동나무가 군락을 이루면서 공기가 좋아 공기마을이란 이름이 더 자연스럽게 통한다. 신발도 없이 하얀 눈 위에 앉아 노래하는 작은 새, 탐스러운 머릿결 늘어뜨린 편백나무 숲속에서 유익하고 이로운 힘을 듬뿍 받는다.

공기마을 간단 정보

옥녀봉과 한오봉을 품은 소담한 마을. 편백나무 숲이 유명하며, 호남 제일의 명필가 창암 이삼만선생이 말년에 제자들을 지도했던 집터도 만날 수 있다.

➕ 전통과 개인의 취향이 오롯이, 오성한옥마을

위봉산, 서방산, 종남산, 원등산이 병풍처럼 에워싼 오성한옥마을은 마치 큰 새의 둥지에 깃든 것처럼 아늑하고 따뜻한 분위기를 자아낸다. 그중 아원고택은 경남 진주의 250년 된 한옥을 해체한 뒤 이축한 건물로 3개 동에서 숙박도 가능하다. 더불어 소양고택은 고창과 무안에서 130년 된 고택 세 채를 옮겨와 서점, 카페, 한옥 스테이로 운영하고 있다. 특히 오성한옥마을은 BTS(방탄소년단)가 '2019 서머 패키지 인 코리아' 영상과 화보를 촬영을 한 곳으로 BTS 성지로도 통한다.

PLACE Info.

오성한옥마을

FEE 무료(단, 아원고택 성인 기준 1인 1만원)
HOURS 상시 개방
ADDRESS 전북 완주군 소양면 송광수만로 472-23
INQUIRY 063-290-2727
WITH A CHILD 아원고택은 숙박을 제외하곤 7세 미만은 입장할 수 없는 노 키즈 존이니 카페만 이용할 계획이라면 유의하자.

❶ 마을 하나가 복합 예술 공간, 삼례읍

완주에서 봉동읍 다음으로 많은 가구가 거주하는 삼례읍은 부족한 것을 채우고 낡은 것을 이롭게 사용하기 위한 마음 씀씀이가 곳곳에 묻어난다. 이를 대표하는 공간인 삼례책마을은 원래 양곡 창고이던 건물에 새 생명을 불어넣은 곳. 책마을센터, 북하우스, 한국학문헌 아카이브, 북갤러리로 변모해 주민 간 소통의 장소이자 문화와 문화를 잇는 매개체로 탈바꿈했다. 천장에 닿을 듯한 높다란 책장에는 고서와 주민의 손때 묻은 헌책이 일목요연하게 정리되어 있다.

PLACE Info.

삼례책마을

- **FEE** 무료(전시회 입장, 카페 등은 별도)
- **HOURS** 10:00~22:00
- **ADDRESS** 전북 완주군 삼례읍 삼례역로 68
- **INQUIRY** 063-291-7820
- **WITH A CHILD** 고서와 헌책을 무려 10만 권이나 보유하고 있으니 엄마, 아빠의 어릴 적 추억이 깃든 책을 한 권 골라 함께 읽어보자.

알아두면 쓸모 있는
완주 트래블 노트

66 정독하고 완주 200% 즐겨보자!
주전부리부터 국보까지 아는 만큼 보이는 완주 이야기 99

① 화암사
국보로 지정된 화암사 극락전은 우리나라에 단 하나뿐인 하앙식(下昂式)* 구조로 바다가 보이는 절로 유명하다.
📍 전북 완주군 경천면 화암사길 271

② 완주 생강
우리나라 생강의 대명사인 '봉동생강'은 전북 완주군의 봉동읍에서 그 기원을 찾을 수 있다. 달고 쌉싸름한 편강(500g) 1만5000원.
📞 완주봉상생강조합 063-261-9500

③ 플리커책방
오성한옥마을의 플리커책방에도 들르면 지역 작가들이 직접 만든 굿즈를 구입할 수 있다.
📍 전북 완주군 소양면 송광수만로 500

④ 경천애인 농촌체험휴양마을
자연과 전통문화가 어우러진 마을. 경천면 딸기를 이용한 생딸기찹쌀떡만들기 체험도 할 수 있다.
📍 전북 완주군 경천면 오복대석길 45-12

⑤ 산속등대
복합 문화 공간 산속등대에서 고래를 찾아보자. '하늘을 헤엄치는 아기 흰수염고래'는 바다도, 하늘도, 눈 속도 못 갈 곳이 없다.
📍 전북 완주군 소양면 원암로 82

⑥ 소양면
지역을 대표하는 맛있고 자랑스러운 먹거리. 산속등대에서 개발한 소양면은 감자전분으로 만들어 고소하고 감칠맛이 살아 있다. 1봉지 2000원.

⑦ 창포마을
넓고 푸른 창포의 초록 물결 속에 천연 샴푸 만들기 체험이 가능한 창포마을에서는 SBS 〈스타킹〉에 출연한 '다듬이 할머니 연주단'의 다듬이 공연도 감상할 수 있다.
📍 전북 완주군 고산면 대아저수로 392

⑧ 라온카페
커다란 통창으로 오성제 저수지를 바라보며 마시는 커피 한 잔. 바라보기만 해도 배부른 근사한 풍경이다.
📍 전북 완주군 소양면 오도길 64

* 하앙식 구조란? 처마 무게를 받치는 부재를 하나 더 설치하여 처마를 훨씬 길게 내밀 수 있게 한 구조.

• TRAVEL STORY •

열두 번째 여행 이야기
울산 울주

이뤄져라, 간절한 소망

그러니 여행합시다

한 해를 마무리하고 새해를 시작하는 데 울주만큼 근사한 여행지도 없을 것이다. 한반도에서 가장 먼저 해 뜨는 간절곶, 대륙이 끝나고 바다가 시작되는 이곳이 지닌 의미는 참으로 크다. '간절곶에 해가 떠야 한반도에 아침이 온다'는 장엄한 문구가 새겨진 돌탑을 뒤에 두고 푸르고 광활한 바다 앞에 선다. 수평선 가까이 부지런한 어민들이 띄운 배가 수면 위에서 찰랑인다. 핑크빛으로 차곡차곡 물들어가는 하늘에 구름이 서서히 비켜나자 시뻘건 태양이 푸른 바다와 대비를 이루며 또렷한 제 모양을 드러낸다.

간절곶 간단 정보

동해안에서 제일 먼저 떠오르는 해를 볼 수 있는 곳으로 알려져 있다. 영일만 호미곶보다는 1분, 강릉 정동진보다는 5분 빨리 해돋이가 시작된다.

➕ 따스한 마음은 덤, 남창옹기종기시장

간절곶에서 차로 약 20분 소요되는 남창오일장엔 꼭 들러보자. 간절곶에서 일출을 바라볼 때는 마음이 벅차더니, 상인과 행인으로 넘치는 시장에서는 마음이 훈훈하다. "새댁, 이거 호박 좀 들여가." 옆집 할머니와 직접 기른 채소를 팔러 오신 걸까, 어르신이 수줍게 웃으며 말을 건넨다. 황금색 호박이 참 실하다. 고소하고 달콤한 군밤 냄새, 뻥튀기 만드는 소리, 각종 젓갈이며 채소, 칼국수, 겨울옷과 털신발을 보는 것만으로도 마음이 충만해진다.

PLACE Info.

남창옹기종기시장

HOURS 매월 끝자리가 3, 8인 날 개장
ADDRESS 울산시 울주군 온양읍 남창장터길 24
INQUIRY 052-238-3260

WITH A CHILD 오란다, 누룽지, 메밀전, 찹쌀도넛 등 먹음직스러운 간식이 가득하다. 오늘만큼은 아이들이 처음 접하는 우리 전통 간식, 먹어보고 싶어 하는 군것질거리 등을 실컷 먹자.

➕ 제2의 간절곶 노리는 해돋이 명소, 명선도

간절곶에 이어 일출 명소로 떠오르는 곳이 있으니, 인근에 위치한 명선도다. 작은 무인도로 1년에 몇 번 썰물 때 바닷길이 열려 섬으로 들어갈 수 있었지만, 진하해수욕장과 명선도 사이에 모랫길이 조성되어 이제는 매일 물이 빠지면 섬에 들어갈 수 있게 되었다. 명선도 전망대에 서자 진하마을과 강양마을을 연결하는 해상 인도교인 명선교와 진하해수욕장에서 서핑을 즐기는 이들이 눈에 띈다. 일몰 무렵에는 오색 조명 반짝이는 명선교의 야경도 감상할 수 있으니 참고하자.

PLACE Info.

명선도	**ADDRESS** WITH A CHILD	울산시 울주군 서생면 진하리 명선도라는 지명의 유래에 대해 아이와 얘기해보자. 아무것도 나지 않는 섬이라는 뜻의 '맨섬'이 매미로 변해 '매미섬'이라는 말도 있고, 매미가 많이 울어 유래한 지명이라는 이야기도 있다. 현재는 신선이 내려와 놀았던 섬이라는 의미에서 명선도(名仙島)라고 한다.

알아두면 쓸모 있는
울주 트래블 노트

❝ 정독하고 울주 200% 즐겨보자!
일출부터 조선 시대 통신 시설까지 아는 만큼 보이는 울주 이야기 ❞

① 울주의 맛
청정한 울주 바다에서 건져 올린 각종 해산물과 정성 어린 손맛을 버무린 한 끼를 맛보자. 사진 속 음식은 물메기탕과 성게비빔밥.
📍 울산시 울주군 서생면 간절곶해안길 43, 떡바우횟집

② 간절곶 일출
간절곶은 한반도를 넘어 유라시아에서 가장 먼저 해가 뜨는 곳. 간절곶 풍차, 프러포즈 등대 등 볼거리도 풍부하다.
📍 울산시 울주군 서생면 대송리

③ 서생면 카페거리
그릿비, 헤이메르, 호피폴라, AOP, 아트나살 등 서생면 일대에 아름다운 카페가 즐비하다. 커피는 거들 뿐, 풍경에 흠뻑 취한다.
📍 울산시 울주군 서생면 일대

④ 명선교
서생면 진하리와 온산읍 강양리를 연결하는 인도교. 일몰 무렵에는 다리에 조명이 들어와 아름다운 경관을 자랑한다.
📍 울산시 울주군 서생면 진하리 410

⑤ 간절곶 소망우체통
2006년 설치한 소망우체통은 간절곶의 명물. 가로 2.4m, 세로 2m, 높이 5m, 무게 7톤에 달하며 실제 편지를 부치면 배달도 한다.
📍 울산시 울주군 서생면 대송리 산 110-22

⑥ 진하해수욕장
울주 서생면의 핫 스폿. 백사장 가까이 명선도와 명선교가 어우러져 더욱 아름다운 풍광을 연출한다. 수심이 얕아 물놀이하기도 좋다.
📍 울산시 울주군 서생면 진하리 토자구 획정리지구 내 9B

⑦ 서생 이길봉수대
봉대산 정상에 자리한 이길봉수대는 하산봉수대로 신호를 보냈다. 군사 통신 시설이던 이곳을 철저하게 지켰을 선조들을 떠올려본다.
📍 울산시 울주군 서생면 나사리 산 36

⑧ 인성암
서생포왜성에서 차로 약 5분 거리, 산 중턱에 고즈넉한 절이 자리한다. 수령 400~500년으로 추정되는 우람한 팽나무가 돌담 앞에 서 있다.
📍 울산시 울주군 서생면 약수터길 146-29

CHAPTER
02

THEME TOUR

여행을 시작하는 순간부터 일상의 고민은 눈 녹듯 사라지고
'어디 가서 놀까?', '뭐 먹을까?' 하는 행복한 고민이 시작된다.
가족 모두가 즐길 수 있는 열 가지 테마 여행을 소개한다.

• THEME TOUR •

첫 번째 테마 여행
물길 여행

호수 따라, 강물길 따라

벼랑에 낸 길인 단양강 잔도, 고대부터 지금까지 지역 주민의 삶을 책임지는 제천 의림지 그리고 양산8경을 품고 있는 영동의 금강이 흐르는 곳. 대한민국의 푸른 산과 강은 어버이의 품과 진배없으니 중부 내륙인 단양·제천·영동의 물길 여행은 누구에게나 다 즐겁고 행복한 시간이 되리라.

충북 제천 의림지.

일몰이 더 아름다운 단양강

단양강 잔도

단양강 잔도는 단양읍 상진리(상진대교)에서 적성면 애곡리(만천하스카이워크)까지 이어진다. 길이 1.2km로 트레킹 코스로도 그만인 데다 폭 2m로 2명이 나란히 걷기도 충분하다. 단양강 잔도는 일몰 무렵, 강변길을 따라 조명이 켜지며 또 다른 비경을 선사한다. 인근에는 이끼터널, 수양개선사유물전시관, 수양개빛터널이 자리한다.

> **TIP** 잔도란? 험한 벼랑 같은 곳에 선반을 매달아놓은 듯이 만든 길.

📍 충북 단양군 적성면 애곡리 산 18-15
📞 043-422-1146

카약 체험

강의 품속에서 노닐어볼까? 무동력 관광으로 남한강을 유람하는 카약은 일명 페달 카약으로 불린다. 보통의 카약은 두 팔로 노를 저으며 원하는 방향으로 나아가야 하기에 체력이 많이 소모되지만, 페달 카약은 원하는 방향대로 레버를 돌리면 카약 뱃머리가 회전해 운항하기 쉽다.

> **TIP** 카약 체험
> 1인용 2만5000원,
> 2인용 3만5000원(50분 기준)

📍 충북 단양군 단양읍 별곡리 92
📞 0505-397-0555

만천하스카이워크

평소에 간이 크다고 큰소리치던 사람도 만천하스카이워크 정상에서는 목소리가 작아질지 모른다. 남한강 수면에서 최고 90m 높이에 설치된 전망대의 투명한 유리 바닥은 걸음을 뗄 때마다 아찔함을 선사한다. 남한강 줄기와 굽이굽이 펼쳐지는 소백산 자락을 발아래로 훤히 내려다보는 특별한 경험을 만끽할 수 있다.

 TIP 만천하스카이워크
성인 3000원,
어린이·청소년·경로 우대 2500원

📍 충북 단양군 적성면 옷바위길 10
📞 043-421-0014~5

도담삼봉

도담삼봉은 수려한 경관 덕분에 '단양8경' 중에서도 으뜸으로 꼽힌다. 남한강 한가운데 유유자적 떠 있는 세 봉우리의 풍경은 오래전부터 예술가들에게 영감을 주곤 했다. 그중에서도 조선의 개국공신 정도전은 자신의 호를 삼봉(三峯)이라고 지을 정도로 이곳에 각별한 애정을 드러냈다. 퇴계 이황 역시 도담삼봉을 주제로 시를 남겼다. 세 봉우리를 바라보다 보면 저도 모르게 시 한 구절이 떠오를지도 모른다.

📍 충북 단양군 매포읍 삼봉로 644
📞 043-422-3037

백년의 역사를 지닌 영동

송호관광지

따사로운 햇살에 금강의 수변은 반짝이고, 시민들은 송호관광지의 자랑인 우람한 소나무 숲에 텐트를 치고 오수를 즐긴다. 양산8경 금강둘레길의 시작점에 자리한 송호관광지는 28만㎡ 부지에 취사장·체력 단련장·어린이 놀이터·산책로·방갈로 등의 시설을 갖추고 있으며, 100년 이상 된 송림과 금강 위에 고고한 빛을 발하는 양산8경으로 많은 사람에게 큰 사랑을 받고 있다.

📍 충북 영동군 양산면 송호로 105
📞 043-740-3228

영동와인터널

전국 최대 포도 재배 면적과 생산량을 인정받은 영동은 2005년 국내 유일의 포도·와인산업특구로 지정받았다. 이를 대표하는 공간인 '영동와인터널'은 와인 종합 박물관이자 문화 공간으로 와인문화관, 환상터널, 이벤트 홀, 포토 존 등 다양한 시설을 갖췄다. 영동와인터널이 자리한 레인보우 힐링타운에는 과일의 고장 영동을 오감으로 만날 수 있는 '과일나라 테마공원'도 자리한다.

📍 충북 영동군 영동읍 영동힐링로 30
📞 043-740-3636

물의 도시 충주

수주팔봉 출렁다리

수주팔봉은 송곳바위·중바위·칼바위 등 깎아지른 듯 뾰족하게 서 있는 바위 봉들을 이른다. 높이는 493m로 나지막한 편이지만 산세가 험준한데, 출렁다리까지만 올라도 가까이에서 절경을 바라볼 수 있다. 봉우리 맞은편에는 캠핑장이 마련되어 있어 수목화를 보는 듯한 수주팔봉의 절경을 감상할 수 있으며, 야영은 물론 차박도 가능하다.

ⓞ 충북 충주시 살미면 토계리 산 5-1
☎ 043-850-6723

충주댐

충주가 '물의 도시'로 불리는 데는 충주호의 역할을 빼놓을 수가 없다. 이곳의 풍경을 즐기는 방법은 다양하다. 관광선을 타고 충주호 한가운데에 서보기, 충주댐 물 문화관에서 댐의 역사 배우기, 전망대 위에 올라 거대한 댐 시설을 배경으로 사진 찍기, 푸른 나무가 우거진 벚꽃길을 따라 유유자적 산책 즐기기 등이 있다. 차를 타고 드라이브를 한다면 속도는 줄이고 창문을 열어 여유로운 공기를 즐길 것.

ⓞ 충북 충주시 동량면 지등로 745
☎ 043-846-6462(충주댐 물 문화관)

청풍명월의 고장, 제천

청풍호

1985년 충주댐이 건설되며 제천, 충주, 단양에 대규모 인공 호수인 청풍호가 형성됐다. 면적 67.5km², 높이 97.5m로 그중 제천시에 속하는 면적이 가장 넓어 제천에서는 청풍호라 하고, 인접한 충주에서는 충주호라고 부른다. 붉은색 철교가 인상적인 옥순대교에 서서 청풍호를 품고 있는 옥순봉을 올려다보면 여기가 신선의 세계인지, 인간의 세계인지 알 수 없다.

 TIP 유람선, 제트스키, 카약 등 호반을 여행하는 방법도 가지각색!

📍 충북 제천시 수산면 다불리(옥순대교)

제천 옥순봉 출렁다리

다리 앞에 서면 왼쪽으로는 옥순대교, 정면에는 옥순봉이 떡하니 자리해 경관이 으뜸이다. 그러나 제천 옥순봉 출렁다리의 역할은 그것이 전부가 아니다. 길이 220m, 폭 1.5m의 다리는 충주댐이 건설되며 단절된 괴곡리 옛 마을을 잇는 보도교다. 출렁다리를 지나 신선의 세계 옥순봉을 둘러보자. 나아가 구담봉까지 향하는 것도 좋다. '청풍호 물길 100리 탐방로' 중 하나로, 옥순봉 출렁다리의 역할은 앞으로 더욱 커질 것이다.

📍 충북 제천시 수산면 옥순봉로 342

청풍호반케이블카

해발 531m의 비봉산 정상에 오르면 내륙의 바다로 불리는 청풍호의 푸른 비경에 가슴이 탁 트인다. 비봉산은 산행 코스로도 인기가 많지만, 2019년 청풍호반케이블카가 개통하면서 더욱 사랑받는 명소가 됐다. 청풍면 물태리에서 시작해 비봉산 정상까지 약 10분이면 도달한다. 바닥까지 투명한 '크리스털 캐빈'에 몸을 싣고 호반의 도시를 감상해보자.

> **TIP** 일반 캐빈 대인 1만5000원, 소인 1만1000원 / 크리스털 캐빈 2만원, 소인 1만5000원

📍 충북 제천시 청풍면 문화재길 166

의림지

제천10경 중 1경인 의림지는 삼한 시대에 축조한 저수지로, 용두산에서 내려오는 물줄기를 막아 가뭄과 침수로부터 농경지를 보호했다. 제천 평야로 물길을 내어 천연자원이 풍부하고 농경문화가 발달하는 데 큰 역할을 한 의림지는 오늘날에도 자연과 사람, 동식물을 잇는 매개체로서 변함없는 존재감을 드러낸다.

> **TIP** 의림지의 역사적 특성을 반영한 농기구 수차와 물푸개 체험해보기!

📍 충북 제천시 모산동 241

• THEME TOUR •

두 번째 테마 여행
생태 관광

사람과 자연이 함께 숨 쉬는 여행

도시와 사람에게서 한 걸음 떨어진 후에야 느껴지는 것이 있다. 왕버들 숲을 거닐고, 하늘을 가득 메운 별을 바라보고, 금강 하구를 자유롭게 날아가는 철새들을 볼 때 비로소 깨닫게 되는 것. '그렇지. 우리는 서로를 소진하는 것이 아니라 더불어 살아가야지.'

───── 경기 시흥시 갯골생태공원.

생태계의 보고 속으로

성주 성밖숲

연둣빛 왕버들과 보랏빛 맥문동의 조화가 절정을 이루는 성밖숲. 이곳에는 천연기념물 제403호로 수령이 짧게는 300년, 길게는 400년 된 왕버들 52주가 자생한다. 오랜 세월을 버틴 나무만으로도 풍경이 웅장한데, 한여름이면 보랏빛 맥문동이 왕버들 주위를 에워싸듯 피어나 어느 곳에서 셔터를 눌러도 작품이 된다.

 TIP 가야산국립공원에서는 명상, 맨발 걷기 등 치유 프로그램도 운영한다.

- 무료
- 경북 성주군 성주읍 경산리
- 054-930-8371~4

원주 성황림

성황림은 마을 안의 좋은 기운은 밖으로 빠져나가지 않고, 밖의 나쁜 기운은 마을로 들어오지 않도록 하는 수구막이숲이다. 24종의 교목 500여 그루와 65종의 아교목 1100여 그루가 함께 자란다. 다양한 곤충류와 새들이 보금자리로 삼고 있어 생물들의 보물 창고로 불리기도 한다. 생태계를 보존하기 위해 일반 관람객의 경우 매년 4월과 9월 성황제에 맞춰 출입이 가능하므로 일정을 미리 확인할 것.

- 무료
- 강원 원주시 신림면 성남로 345
- 033-763-7657

갯골생태공원

경기도에서 유일하게 내륙 깊숙이 형성된 갯골과 옛 염전의 정취를 간직한 곳으로, 바다와 하천이 만나는 기수(汽水)지역의 특성을 지니고 있어 독특한 경관을 자랑한다. 각종 염생식물, 어류, 양서류 등 희귀 동식물의 서식지로 국가습지보호구역으로 지정되어 있다. 산책로를 따라 걷다 보면 칠면조·나문재 등의 염생식물과 붉은발농게·방게 등을 관찰할 수 있고, 염전에서는 소금 채취 체험도 할 수 있다.

- 무료
- 경기 시흥시 동서로 287
- 031-488-6900

제천 측백나무숲

측백나무는 우리나라 '천연기념물 제1호'로 지정된 생물이다. 식물에 기름이 많아 화재에 약해 군락을 이루어 자생하기 힘들지만 '제천 측백숲으로'에는 60년 이상 된 측백나무들이 모여 숲을 이루고 있다. 이곳은 국내에서 유일하게 일반인 탐방이 가능한 곳이기도 하다.

TIP 측백나무 석부작(분재) 만들기 체험에 참여해보자.

- 무료
- 충북 제천시 수산면 수산리 25-1
- 0507-1372-6550

물 따라 유랑하는 여행길

다누리아쿠아리움

한국 최대의 민물 생태관인 이곳은 234종의 물고기 2만3000여 마리를 보유하고 있다. 천연기념물인 어름치·황쏘가리를 비롯해 멸종 위기 열목어, 아마존강·메콩강 등에 서식하는 세계의 물고기를 돌아보는 동안 생태계에 대한 공부가 저절로 된다.

TIP 매주 토요일 오후 3시에는 철갑상어 먹이주기 이벤트 진행!

- 어른 1만원, 청소년 7000원, 어린이 6000원
- 충북 단양군 단양읍 수변로 111
- 043-423-4235

금강하굿둑

78.5km에 이르는 아름다운 서천의 해안이 시작되는 곳으로, 매년 겨울 각양각색의 철새가 찾아오는 철새 도래지다. 철새 탐조대가 있어 철새의 움직임을 관찰할 수도 있다. 인근의 서천 갯벌 역시 생태 자원의 보고다. 물이 빠지면서 서서히 드러나는, 콩알만 한 게가 너른 갯벌을 뒤덮은 모습은 그야말로 장관이다. 서천 갯벌은 유네스코 세계자연유산으로 등재되어 있다.

- 무료
- 충남 서천군 마서면 장산로855번길 56-2
- 041-951-9110

대청호

내륙의 바다라고 불릴 만큼 바다처럼 넓은 호수다. 둘레를 따라 21개 코스의 '대청호 오백리길'이 조성되어 산책을 즐길 수 있다. 그중에서도 백미인 로하스길은 대청호의 풍광을 가장 가까이서 만날 수 있는 길. 억새와 갈대숲이 장관을 이루는 추동습지공원, 명상정원, 물속마을정원을 비롯해 대청호 예술가와의 산책, 다육 도자기 화분 만들기 등의 체험을 즐기며 대청호의 이야기를 품은 곳을 거닐 수 있다.

- 무료
- 충북 청주시 상당구 문의면 가호리
- 042-930-7204

횡성호수길

횡성호수길이 있는 갑천 지역은 약 2000년 전 진한 시대 마지막 왕인 태기왕의 전설이 서린 곳이다. 태기왕의 전설을 상상하며 걷기 좋은 횡성호수길은 총 31.5km 길이로 6개 코스로 구성되어 있다. 이 중 5코스는 호수를 크게 한 바퀴 도는 회귀형 코스로, 임도와 숲길이 이어져 편안하게 걸을 수 있다. 출발지인 망향의 동산은 횡성댐 건설로 고향을 잃은 수몰민의 삶의 흔적과 역사가 고스란히 보존되어 있다.

- 무료
- 강원 횡성군 갑천면 태기로 구방5길 40
- 033-343-3432

자연 풍광과 하나 되는 순간

낭도

낭도 둘레길을 걸으며 백사장이 길게 뻗어 있는 장사금 해변과 태고의 신비를 간직한 천선대, 신비로운 분위기를 자아내는 신선대 등 낭도의 아름다움을 감상할 수 있다. 여산마을은 낭도 여행의 중심지로, 거친 바람을 견디도록 낮고 단단하게 지은 집과 소박한 항구가 있는 곳이다. 동네 담장에 그려진 그림과 글귀들이 아기자기하다.

TIP 사도산 중턱의 맑은 샘물로 만들었다는 100년 전통의 젖샘 막걸리 꼭 맛보기!

- 무료
- 전남 여수시 화정면 낭도리
- 061-659-3868

율포솔밭해수욕장

보성 율포해변은 깨끗한 바다 풍광으로 유명하다. 잔잔한 옥색 바다와 솔솔 부는 바람, 은빛 모래 해변에 천연 송림이 어우러져 남해안에서도 아름답기로 소문난 곳. 갯벌에서 바지락과 새조개를 잡을 수도 있다. 해변에 위치한 율포해수녹차센터에서는 지하 120m 암반층에서 끌어 올린 해수에 보성의 특산물인 찻잎을 하루 동안 우린 물로 녹차 해수욕도 즐길 수 있다.

- 무료
- 전남 보성군 회천면 동율리 544-13
- 061-853-2425

대명유수지

삵, 수달, 맹꽁이 등 멸종 위기 동물을 포함해 수많은 동식물이 생태계를 이루며 살아가는 곳. 특히 맹꽁이 최대 서식지로 맹꽁이를 관찰할 수 있는 생태 학습장을 갖추고 있으며, 맹꽁이 서식 환경을 개선하기 위해 지자체에서도 힘쓰고 있다. 가을이면 억새밭이 환상적인 풍경을 선사하는데, 억새밭 사이의 나무 덱 길을 걷다 보면 바람이 부는 대로 춤을 추는 듯한 억새의 군무를 만날 수 있다.

- 무료
- 대구시 달서구 대천동 816
- 053-667-2181

김해천문대 비비단

영남 최초의 시민 천문대에서 옛 가야의 역사와 신비한 별자리 이야기를 만나볼 수 있다. 산이 알을 품은 듯 독특한 디자인의 천문대는 알에서 태어난 금관가야의 시조 수로왕의 탄생 설화를 건축으로 풀어낸 것이 특징. 가락국 왕자가 진례 토성 위의 상봉에 별을 관측하기 위해 '비비단'이라는 첨성대를 쌓았다는 얘기가 전해 내려온다. 별자리를 재현한 가상 체험은 물론, 망원경을 통해 실제 별을 관측할 수도 있다.

- 성인 3000원, 청소년 2000원, 어린이 1500원
- 경남 김해시 가야테마길 254
- 055-337-3785

• THEME TOUR •

세 번째 테마 여행
산림

높고 푸르른
나무를 닮도록

돌아보면 숲은 언제나 우리 곁에 있다. 새로운 생명이 움트기 시작하는 봄, 숲이 지닌 매력을 찾아 떠나보자. 여행은 아는 만큼 보이고, 보이는 만큼 얻는 즐거움이 크다. 숲으로 떠나는 여행도 마찬가지다. 숲체원을 방문해 제대로 숲을 알고 즐길 수 있다면 좋지 않을까?

_____ 국립장성숲체원.

맨발로 흙 느껴보기

국립나주숲체원

나주의 병풍산으로 알려진 금성산 일원에 위치한 국립나주숲체원은 한국산림복지진흥원에서 운영하는 전국 16개 산림 복지 기관 중 가장 최근에 개원했다. 그만큼 잘 알려져 있지 않아 나주 여행의 숨은 보석 같은 곳이다. 이곳의 장점은 편리한 접근성으로, 나주역에서 자동차로 15분이면 도착한다.

TIP 심신 안정을 돕는 '오감다도' 프로그램 추천!

📍 전남 나주시 금성산길 116
📞 061-338-8400

국립장성숲체원

나무 중에서 피톤치드를 가장 많이 내뿜어 웰빙용품의 소재로 많이 쓰이는 편백나무. 국내에서 가장 큰 편백나무 숲을 보유하고 있는 곳이 바로 축령산이다. 국립장성숲체원은 산림 치유 인자가 풍부한 축령산 치유의 숲과 산림청이 선정한 100대 명산 중 하나인 방장산에서 산림치유센터를 운영하며 차 테라피, 해먹 쉼 명상, 숲 오감 테라피 등 다양한 산림 치유 프로그램을 제공한다.

📍 전남 장성군 북이면 방장로 353
📞 061-399-1850

국립곡성치유의숲

전남과 전북의 경계를 이루는 섬진강과 청계동계곡의 풍경이 일품인 동악산에 위치한 국립곡성치유의숲은 솔바람, 폭포 등 다양한 산림 환경 요소를 활용해 인체의 면역력을 높이고 건강을 증진시키는 산림 치유 활동을 위한 숲속 공간이다. 다양한 연령대를 대상으로 맨발 걷기, 수면 건강 증진 프로그램, 숲 체험 교육 사업 등의 프로그램을 운영한다.

TIP 천연 아로마 오일을 이용한 온수 족욕 꼭 해보기!

📍 전남 곡성군 곡성읍 청계동로 519
📞 061-363-0901

국립대운산치유의숲

원효대사의 마지막 수행처라 불리는 대운산 도통골 자락에 위치한다. 사시사철 흐르는 계곡물 소리를 들으며 편백·굴참나무가 어우러진 숲길을 걷다 보면 마음이 저절로 평온해진다. 이곳은 방문객이 숲을 제대로 느낄 수 있도록 요가와 명상, 차 테라피, 운동 테라피, 건강 측정 등 다양한 산림 치유 프로그램을 제공하는데, 그 우수성을 인정받아 울산시 최초 웰니스 관광지로 선정되었다.

📍 울산시 울주군 온양읍 대운상대길 225-92
📞 052-255-9806

숲에서 얻는 치유 에너지

국립칠곡숲체원

2015년 3월에 개원한 국립칠곡숲체원은 대체에너지를 활용해 친환경적으로 조성한 산림 교육 전문 휴양 시설이다. 다누리길은 울창한 숲속에 조성된 1328m 길이의 산책로로, 계절에 따라 색다른 숲 산책의 묘미를 느낄 수 있다. 코스별로 숲과 나무, 동물 친구들에 대한 설명이 적혀 있다.

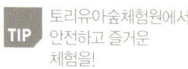

TIP 토리유아숲체험원에서 안전하고 즐거운 체험을!

○ 경북 칠곡군 석적읍 유학로 532
☎ 070-4490-6505

국립김천치유의숲

국립김천치유의숲이 위치한 수도산은 소백산맥 중 하나로, 대가천계곡(무흘구곡) 같은 아름다운 계곡과 청암사·수도암 등 이름난 고찰을 품고 있는 산이다. 신라 시대 참선 수도장으로 유명했던 만큼 이곳을 방문하는 것만으로 심신의 피로를 해소하는 데 도움이 될 것이다. 특히 잣나무와 자작나무가 주종을 이루고 있어 독특한 숲 풍경을 자랑한다. 명상, 체조를 통해 스트레스를 해소하고 면역력을 강화할 수 있다.

○ 경북 김천시 증산면 수도길 1237-89
☎ 054-435-3413

국립산림치유원

소백산국립공원, 묘적봉, 천부산 권역 등 백두대간의 풍부한 산림자원을 이용해 국민 건강 증진과 삶의 질 향상을 위해 조성한 아시아 최대 규모의 산림복지 단지다. 신체·체력 측정부터 심신 이완을 위한 치유 장비 체험까지 건강 증진에 대한 체계적 서비스를 제공하는 건강증진센터와 수치유센터, 산림치유문화센터, 치유정원, 치유숲길 등으로 구성되어 있다.

 TIP 치유정원에서 약용식물로 산림 치유 가능!

📍 경북 영주시 봉현면 테라피로 209
📞 054-639-3513

국립청도숲체원

영남알프스라 불리는 운문산에 위치한 국립청도숲체원은 서어나무·노각나무 군락지, 생태자연도 1등급 보존지역 등을 보유한 영남 지역 숲 체험의 대표 산림 복지시설이다. 숲과 자연환경에 대한 지식을 체계적으로 전달하고 사회성 증진, 학습 능력 및 면역력 향상과 심신 안정 효과에 도움을 줄 수 있는 숲 체험 프로그램과 산림·생태 관련 양질의 교육 프로그램을 제공하고 있다.

📍 경북 청도군 운문면 운문로 755
📞 054-370-8506

숲이 선사하는 활력

국립대전숲체원

전국에서 유일하게 엘리베이터를 이용해 숲으로 들어가는 덱 길이 있어 누구나 자유롭게 숲을 경험할 수 있다. 숲해설사와 함께하는 다양한 프로그램 덕분에 어른, 아이 할 것 없이 새로운 시각에서 숲 체험이 가능하다. 특히 골짜기숲길은 난도가 낮아 어린이와 노약자도 충분히 걸을 수 있으며, 혼자서 지도와 나침반으로 찾아가는 프로그램도 운영한다.

TIP 무료로 제공하는 〈숲속 Self 나들이〉 책자 챙기기.

📍 대전시 유성구 숲체원로 124
📞 042-718-1507

국립제천치유의숲

금수산 자락에 위치하며 제천을 대표하는 한방 약초원과 풍부한 수계 자원을 활용한 특색 있는 프로그램을 운영 중이다. 계절별 맞춤형으로 운영하는 '숲하모니' 프로그램은 건강 측정과 티테라피를 중심으로 1시간 동안 진행하며 가족 단위 방문객에게 인기가 좋다. 친구, 가족과 함께 즐기고 싶다면 5인 이상 참여가 가능한 '치유 힐링 숲 테라피'를 추천한다. 2시간 동안 진행하는 프로그램으로 내 몸을 바로 알고 교정하는 데 도움이 된다.

📍 충북 제천시 청풍면 학현소야로 590
📞 043-653-9871

국립양평치유의숲

수도권에서 1시간 정도면 도착할 수 있어 접근성이 뛰어나다. 623만m² 규모의 숲에 잣나무와 소나무, 낙엽송 등이 가득한 12개 숲길을 보유하고 있다. 입구에서 올라오면 가장 먼저 만나는 건강증진센터에서는 무인 건강 시스템, 체성분 분석기, 스트레스 측정기 등으로 자유롭게 건강 상태를 측정할 수 있다. 숲 곳곳에 치유 명상 움막, 숲속 평상, 통나무 의자 등이 있는데 장소마다 명상 주제도 다르고 명상하는 방법도 취향껏 선택할 수 있다.

📍 경기 양평군 양동면 황거길 262-10
📞 031-8079-7950

국립대관령치유의숲

입구에서 보면 하늘로 쭉쭉 뻗은 빽빽한 나무들과 박공지붕의 목조건물이 어우러져 알프스의 숲 어딘가로 들어가는 듯한 착각을 불러일으킨다. 이곳의 가장 큰 자랑은 수령 100년 된 금강소나무 숲이다. 시원하게 뻗은 울창한 소나무 숲은 그 어디서도 보기 힘든 장관을 연출한다. 게다가 그 사이를 지날 때 자연스레 코끝으로 들어오는 솔향기는 묵은 피로를 씻어내고 생기를 되찾아준다.

📍 강원 강릉시 성산면 대관령옛길 127-42
📞 033-642-8655

• THEME TOUR •

네 번째 테마 여행
땅끝 여행

해남,
설렘의 시작

땅끝의 가을, 풍성한 이야기가 익어가는 곳. 높아진 가을 하늘은 더 많은 이야기를 품고 있다. 남도의 그림 같은 다도해, 회오리치는 바닷물, 그리고 420여 년 전 이 충무공의 충정까지도. 가을의 해남, 풍성한 이야기와 맛있는 밥상, 편안한 휴식을 누릴 수 있는 그곳으로.

전남 해남군 달마산.

역사의 감동을 생생히

우수영 관광지

울돌목을 코앞에서 내려다볼 수 있는 곳에 자리한다. 이곳에서는 명량대첩 신화를 만들어낸 영웅의 정신을 느낄 수 있는데, 가장 먼저 들러야 할 곳은 명량대첩해전사기념전시관이다. 명량대첩 당시 조선 수군의 전투선인 판옥선을 모티브로 지은 건물 안으로 들어서면 명량대첩에 관한 유익한 정보가 가득하다.

 TIP 직접 노 젓는 체험 해보기!

📍 전남 해남군 문내면 학동리 1021
📞 061-530-5541

울돌목 스카이워크

울돌목은 해남군 우수영과 진도군 녹진 사이를 잇는 해협의 이름으로, 너비가 320m밖에 되지 않는 좁은 바닷길이지만 결코 만만히 보아서는 안 된다. 가장 깊은 곳의 수심이 20m, 유속은 시속 24km에 달하기 때문. 울돌목이라는 이름도 빠른 물살이 암초에 부딪히며 소용돌이치는 소리가 20리 밖까지 들린다는 데에서 유래한 것이다. 울돌목 스카이워크에 오르면 이 아찔한 물살을 가장 가까이서 볼 수 있다.

📍 전남 해남군 문내면 학동리 1021
📞 061-530-5541

명량해상케이블카

진도 스테이션과 해남 스테이션 사이의 1km를 오가는 케이블카로, 울돌목을 하늘에서 내려다볼 수 있다. 바닥이 투명하게 보이는 크리스털 캐빈을 타면 스릴이 두 배다. 해 질 녘에 케이블카에 오르면 다도해와 진도대교, 금빛으로 하늘을 물들이는 세방낙조까지 환상적인 풍경을 감상할 수 있다.

TIP 조수 간만의 차가 생기는 만조, 간조 2시간 후에 탑승하면 더 짜릿!

📍 전남 해남군 문내면 관광레저로 12-20
📞 061-535-9900

해남공룡박물관

해남은 백악기 시절 공룡들의 핫 플레이스였다. 세계 최초로 익룡·공룡·새의 발자국이 동일 지층에서 발견된 지역이기 때문. 해남공룡박물관은 이러한 역사를 총망라해놓은 곳이다. 알로사우루스 진품 화석 447점, 공룡 조형물 35점을 비롯해 다양한 공룡의 발자국이 전시되어 있다. 4D 영상관에서는 생생한 영상으로 공룡을 만날 수도 있다. 공룡 박사를 꿈꾸는 어린이라면 이곳에서 한나절을 보내도 지루해하지 않을 것이다.

📍 전남 해남군 황산면 공룡박물관길 234
📞 061-530-5949

대흥사

두륜산 자락에 위치한 대흥사는 우리나라 차(茶) 문화 성지다. 조선 정조 때의 초의선사가 다산 정약용, 추사 김정희 등과 교류하며 불교와 실학의 만남을 주도했다. 또 중국 차 문화에 밀렸던 한국 다도 문화를 부흥시켰다. 그는 이곳에 머물며 한국 차의 고전으로 불리는 〈동다송(東茶頌)〉을 지어 우리 차 문화의 역사와 우수성을 복원해냈다. 또 직접 차를 만들어 당대 사상가들에게 한국 차의 정신과 맛을 알게 했다.

📍 전남 해남군 삼산면 대흥사길 400
📞 061-534-5502

포레스트수목원

인문학과 수목원의 만남을 주제로 작은 정원들이 다채롭게 조성되어 있다. 이곳에서는 계절별로 제철을 맞은 꽃축제가 열린다. 봄에는 철쭉과 팥꽃나무, 꽃잔디가 어우러지는 '분홍꽃축제', 가을에는 핑크뮬리와 보드라운 팜파스가 어우러져 장관을 이루는 '팜파스축제'가 열린다. 백미는 6월부터 7월까지 '여름의 꽃' 수국을 주인공으로 한 '땅끝수국축제'. 희귀 품종을 포함한 총 200여 종의 수국이 만개해 장관을 이룬다.

📍 전남 해남군 현산면 봉동길 232-118
📞 061-533-7220

땅끝순례문학관

해남은 우리 문학사에 큰 발자취를 남긴 시인과 예술가를 많이 배출한 '시문학의 고향'이기도 하다. 조선 초기 시학(詩學)의 씨를 뿌린 금남 최부, 조선 중기의 대표적 시조 시인 고산 윤선도, 조선 후기의 초의선사, 현대에 와서는 시대와 역사의 아픔을 노래한 김남주·고정희·황지우 등이 모두 해남에서 작품을 완성했다. 땅끝순례문학관은 이들의 발자취를 망라한 곳이다. 도보로 3분 거리에 고산윤선도유적지가 있으니 함께 둘러볼 것.

◎ 전남 해남군 해남읍 녹우당길 123
📞 061-530-5127

달마고도

가을이면 단풍이 절경을 이루는 달마고도는 달마산의 주 능선을 아우르는 17.74km의 둘레길을 말한다. 1300년 역사를 간직한 고찰 미황사의 옛 12개 암자를 잇는 순례 코스이며, 중국 선종을 창시한 달마대사의 법신(法身)이 상주한다는 믿음으로 과거 선인들이 걷던 옛길을 복원한 것이다. 흙길과 돌길로 조성되어 누구나 편하게 걸을 수 있다.

◎ 전남 해남군 북평면 평암리 산 67
📞 061-532-1330

해남의 맛

삼치회

해남에서 가을·겨울 별미를 이야기할 때 삼치회는 빼놓을 수 없는 음식이다. 삼치는 10월부터 2월까지가 제철로, 날이 추울수록 살에 기름이 올라 고소하고 맛있다. 해남의 삼치회는 추자도에서 어획한 4~5kg짜리 생선을 두툼하게 썰어 식감을 살린 것이 특징이다. 현지인이 즐겨 찾는 '어부횟집'에서 자연산 활어를 직접 보고 맛볼 수 있다.

 TIP 뜨거운 밥에 파 양념장을 곁들여 김에 싸 먹는 것이 해남식으로 삼치회를 즐기는 방법이다.

📍 전남 해남군 송지면 땅끝마을길 70
📞 061-535-4779(어부횟집)

고구마빵

가장 인기 높은 해남 특산품은 고구마빵이다. 달고 속이 꽉 차 있기로 유명한 해남 고구마를 가장 맛있게 즐길 수 있는 방법이기 때문. 베이커리 '피낭시에'의 대표 이현미 파티시에가 2006년 해남 농산물의 우수성을 알릴 수 있는 제품을 연구한 끝에 처음 고구마빵을 개발했다. 쌀로 만든 쫀득한 빵 안에 달콤한 고구마 소가 듬뿍 들어 있어 맛과 건강 모두 만족시킨다.

📍 전남 해남군 해남읍 읍내길 8
📞 061-537-6262(피낭시에)

토종 닭요리촌

닭 하면 생각나는 요리는? 치킨, 백숙 정도만 떠올렸다면 해남에서 신세계를 만나게 된다. 해남읍 고산로 일대에 조성된 토종 닭요리촌에서는 닭으로 만든 다섯 가지 코스 요리를 선보인다. 담백한 닭 가슴살을 참기름으로 '꼬숩게' 무쳐낸 육회, 매콤한 양념에서 감칠맛이 배어나는 닭불고기, 오븐에 바삭하게 구워낸 닭구이, 한약재를 넣고 푹 삶아낸 보양 백숙, 육수의 깊은 맛이 느껴지는 닭죽까지, 그야말로 상다리가 휠 정도다.

○ 전남 해남군 해남읍 고산로 287
📞 061-537-7100(돌고개가든)

숭어회

우수영 관광지 주변에는 남해에서 갓 잡아 올린 싱싱한 해산물을 맛볼 수 있는 식당이 많다. 그중에서도 울돌목의 거센 물살을 거슬러 오르는 숭어를 뜰채로 잡아 올리는 '뜰채 명인' 김상근 대표의 '명량주막'은 숭어 철인 봄이면 늘 사람들로 붐빈다.

 TIP 입에 넣자마자 살살 녹는 숭어전도 별미!

○ 전남 해남군 문내면 관광레저로 12-21
📞 061-532-2120(명량주막)

• THEME TOUR •

다섯 번째 테마 여행
식도락

온 가족이
즐거운 맛 여행

여행에서 어찌 식도락을 빼놓을 수 있으랴. 아이가 좋아하는 간식거리도, 육아와 일로 지친 엄마·아빠의 몸에 기력을 보충해줄 든든한 보양식을 모았다. 지역 특산물과 대표 먹거리를 한자리에 모아놓아 활기 넘치는 전통시장은 여행 코스에서 빼놓지 말아야 할 목적지 중 하나다.

전남 담양군 떡갈비.

볼거리 넘치는 전통시장

단양구경시장

단양 마늘은 다른 지역 마늘보다 조직이 치밀하고 맛과 향이 독특해 최고급 품질을 자랑한다. 이 알싸함을 A부터 Z까지 제대로 경험할 수 있는 곳이 바로 단양구경시장이다. 이곳에는 마늘닭강정·마늘순대·마늘떡갈비·마늘만두·마늘바게트·마늘부각 등 마늘로 만든 각종 먹거리가 즐비하다.

> **TIP** 큰 일교차와 석회암 지대로 단양=마늘의 고장!

📍 충북 단양군 단양읍 도전5길 31
📞 043-422-1706

제천중앙시장, 내토재래시장

도로 하나를 사이에 두고 마주 보고 있는 두 시장. 제천의 중심지에 위치해 활기로 가득하고, 식도락 여행을 떠나기에도 좋다. 조선 후기부터 이어져 오랜 전통을 자랑하는 이곳은 청년 상인들이 모여 다양한 메뉴를 선보이는 푸드 코트 '모아키친'을 운영하고 있다. 내토재래시장은 과일과 분식, 한식 등 다양한 먹거리를 판매한다. 빨간 어묵의 매콤한 양념, 전 부치는 기름 냄새가 여행자들을 군침 흘리게 만든다.

📍 충북 제천시 풍양로 108(제천중앙시장)
📞 043-647-2047

충주무학시장

충주에서 규모가 가장 큰 시장이다. 걷다 보면 자유시장, 풍물시장, 공설시장까지 이어져 있어 구경하는 재미가 쏠쏠하다. 시장의 명물은 순대만두골목. 길게는 40년째 같은 자리에서 장사를 이어가는, 남다른 내공을 자랑하는 가게가 많다. 가게에서 직접 만든 소와 피로 만든 순대와 만두를 쪄내는 풍경을 외면하고 그냥 지나치기란 쉽지 않다.

평창올림픽시장

단편소설 〈메밀꽃 필 무렵〉의 배경이 평창군 봉평면이고, 봉평의 메밀은 소설만큼이나 유명하다. 시장 안에 자리한 '메밀나라'는 TV 예능 프로그램 〈백종원의 3대 천왕〉에 나와 더욱 유명해진 곳으로, 듬성듬성 썬 메밀과 김치를 시원한 육수에 말아 먹는 메밀묵사발과 옥수수 가루로 만들어 면 색깔이 누런 올챙이국수가 유명하다.

 TIP 메밀전병·메밀비지전·메밀부침개를 모두 맛볼 수 있는 '3대천왕세트' 추천!

📍 충북 충주시 봉방동 4-58
📞 043-848-2292

📍 강원 평창군 평창읍 평창시장1길 8-1
📞 033-332-2517

든든하게 몸보신해줄 지역 별미

풍기삼계탕

보양식 삼계탕에 풍기 인삼까지 넣었으니 더위로 기가 빠지는 여름에 이만한 보양식이 없다. 길에서 만난 외국인들이 맛집을 물어오면 많은 한국인이 근처 유명한 삼계탕집을 말해주곤 한다. 맛도 좋고 몸에도 좋은 음식으로 맛과 향뿐 아니라 영양도 풍부하니, 몸 보양하며 힘내서 여행하라는 의미가 담겨 있으리라. 푹 끓인 삼계탕에 영주가 자랑하는 인삼까지 들어 있으니, 든든하게 먹고 즐겁게 여행하면 될 일이다.

◎ 경북 영주시 중앙로 130

남한강 올갱이전

단양 남한강 일대에는 올갱이를 활용한 올갱이해장국이 유명하다. 해독 작용을 한다고 알려진 올갱이는 여러 요리에 활용되는데, 노릇하게 구워내는 파전 위에 파란 올갱이를 가득 얹은 올갱이전도 별미로 꼽힌다. 여름비가 부슬부슬 오는 날이면 올갱이전을 소백산 막걸리와 함께 곁들여 먹고, 다음 날 올갱이해장국으로 해장하면 그야말로 '슬기로운 풍류 생활'이렷다.

 TIP 충청도에서는 다슬기를 올갱이라고 부른다는 사실!

◎ 충북 단양군 단양읍 고수동굴길 일대

족살찌개

옛 광부들이 고단한 일상을 위로하며 즐겨 먹던 음식으로 문경의 특색이 고스란히 담겨 있다. 당시 광부들은 기름기 많은 돼지고기가 목에 낀 탄가루를 제거해준다고 생각했다. 족살은 족발에 붙어 있는 살을 말한다. 시원하고 칼칼한 국물 맛과 돼지고기 앞다리의 살코기와 껍데기가 만들어내는 쫄깃함이 별미. 광부들의 하루를 위로해주는 음식인 족살찌개, 의미를 알고 먹으면 더욱 맛있지 않을까.

◎ 경북 문경시 가은읍 대야로 일대

헛제삿밥

안동 지역을 대표하는 음식 중 하나인 헛제삿밥은 평상시에 제사 음식과 같은 재료를 만들어 비빔밥을 해 먹는 것으로, 안동의 향토 음식이다. 밥에 제사 음식을 올려 간장으로 간한 뒤 비벼 먹는 요리이자 상차림을 말하며, 제사 음식인 만큼 특유의 심심한 맛이 특징이다. 지역별로 특색 있는 제사 음식이 나오기도 한다.

 쌀이 귀하던 시절 거짓 제사를 지낸 후 유생들과 제사 음식을 나누어 먹은 것에서 비롯했다는 설이 있다!

◎ 경북 안동시 풍천면 하회북촌길 일대

입이 즐거운 간식거리

덩실분식

역사가 자그마치 56년이 넘었다는 '덩실분식'의 메뉴는 오로지 찹쌀떡과 도넛이다. 표면이 시원한 찹쌀떡을 입술에 흰색 가루가 가득 묻을 정도로 한입 베어 물고, 입안 전체에 달착지근하게 달라붙은 떡을 녹이며 한참을 오물대며 먹는 모습은 정겹기 그지없다. 하얀 설탕을 뿌린 쫄깃한 수제 링도넛과 고소한 팥소가 든 수제 팥도넛은 우유와 커피, 심지어 맥주와도 잘 어울린다.

- 충북 제천시 독순로6길 5
- 08:30~18:00, 일요일 휴무
- 043-643-2133

카페산

카페산은 산 정상을 향해 나 있는 구불구불한 길을 차로 한참 올라가야 한다. 아기자기한 마을과 집들을 지나면 나타나는 카페산. 1층의 널찍한 야외 테이블에서는 단양 시내와 그 상공을 패러글라이딩하는 사람들의 모습까지 모두 조망할 수 있다. 통창으로 푸른 산세가 그대로 보이는 2층과 시원한 바람을 만끽할 수 있는 3층 야외 전망대도 매력적이다.

- 충북 단양군 가곡면 두산길 196-86
- 09:30~18:30, 주말 09:30~19:30
- 0507-1353-0868

태극당

영주를 대표하는 베이커리 '태극당'은 1980년에 창업해 명맥을 이어온 공을 인정받아 '백년가게' 인증을 받았다. 태극당에서 가장 인기 있는 카스텔라 인절미는 인절미처럼 작게 썰어 내는데, 카스텔라 가루를 수북이 덮어 마치 직사각형의 큼직한 카스텔라처럼 보이는 게 특징이다.

TIP 슬프게도 한 가족당 한 박스만 판매하니 참고할 것.

- 경북 영주시 번영로 154
- 08:00~21:00, 일요일 휴무
- 054-633-8800

봉평 메밀국수

소설 〈메밀꽃 필 무렵〉 덕분에 봉평은 메밀의 대명사로 불린다. 메밀국수를 간판에 내건 맛집이 많은 것도 그래서다. '옛날공이메밀국수'에서는 메밀 면에 넣어 비벼 먹을 지단과 김 가루, 무 초절임, 갓김치, 양념장 등을 각각 차려놓고 널찍한 그릇과 육수를 함께 제공한다. 건강한 메밀국수를 더 건강하게 즐기는 방식인 셈이다.

TIP 메밀국수 9000원, 반공이(3인분) 3만원, 한공이(6인분) 6만원.

- 강원 평창군 용평면 마산골길 19-8
- 10:00~19:00, 화요일 휴무
- 033-332-1948(옛날공이메밀국수)

• THEME TOUR •

여섯 번째 테마 여행
페스티벌

축제처럼
흥 나는 여행

계절을 즐기는 법은 의외로 단순하다. 봄 나물, 여름 수박, 가을 전어, 겨울 꼬막처럼 제철에 먹으면 더 맛있는 음식을 찾아 먹는 것. 그리고 계절의 멋과 흥을 만끽할 수 있는 축제를 즐기러 떠나는 것으로 충분하다. 싱싱한 특산물과 신명 나는 축제 분위기를 만끽해보자.

정남진장흥물축제.

봄·여름을 닮은 활기찬 축제

함평나비대축제

'함평나비대축제'는 아름다운 꽃과 나비, 곤충을 마음껏 볼 수 있는 축제로 아이들과 같이 가기에도 제격이다. 세계 각국의 나비와 곤충 표본 450종 9000여 마리를 관찰하는 것은 물론 다양한 생태 환경을 체험할 수 있어서다. 체험을 하며 꽃밭을 거닐다 보면 어느새 작은 나비와 친구처럼 놀고 있는 아이들을 발견할 수 있을 것.

봉화은어축제

봉화의 여름은 '봉화은어축제'로 시작된다. 공기 좋은 봉화에 흐르는 내성천에는 청정 1급수 맑은 물에서만 살 수 있는 은어가 서식한다. 온 가족이 함께 은어 잡기를 체험할 수 있는 이 축제에선 손과 발을 이용해 물고기를 모는 '반두'로 고기잡이를 하는데, 활동적이면서도 단순해서 아이는 물론 업무에 지친 어른들에게도 꿀맛 같은 휴식을 제공한다.

전남 함평군 함평엑스포공원 등 일원
061-320-2238

경북 봉화군 내성천생활체육공원 등 일원
054-674-3053

무주반딧불축제

'무주반딧불축제'는 생태 도시 무주에서 매년 초가을, 청정 지역에서만 사는 반딧불이를 주제로 열린다. 축제의 메인 프로그램 '반딧불이 신비탐사'에서는 반딧불이 서식지를 둘러보며 아름답게 밤하늘을 나는 반딧불이의 비행을 직접 눈으로 확인할 수 있다. 무주반딧불축제는 아이에게 동화 같은 추억을 만들어줄 좋은 기회다.

◎ 전북 무주군 남대천, 지남공원 등 일원
📞 063-324-2440

정남진장흥물축제

전남 장흥군에서 물을 주제로 매년 7월 개최하는 '정남진장흥물축제'. 시원한 물싸움을 즐기는 '살수대첩 거리 퍼레이드'와 물속에서 펼쳐지는 수중 줄다리기 등 평소 활동량이 적은 이에겐 다소 거칠어 보이겠지만, 신나는 자극이 필요한 이에겐 안성맞춤인 한여름의 축제다. 화려한 EDM 풀 파티 등 규모가 큰 행사가 열리니 전국에 있는 흥소유자들은 다 모일 것.

◎ 전남 장흥군 편백숲 우드랜드 등 일원
📞 061-860-5771, 5772

가을·겨울처럼 풍성하게 영그는 축제

임실N치즈축제

'임실N치즈축제'는 동화 같은 풍경을 자랑하는 임실치즈테마파크와 임실치즈마을에서 열린다. 치즈의 고장 임실에서 펼쳐지는 이 축제에는 9개의 테마로 무려 80여 개가 넘는 다채로운 프로그램이 준비되어 있다. 직접 치즈를 만들어보는 체험은 물론 치즈를 소재로 한 쿠킹 쇼와 어린이 공연, 화려한 야간 퍼레이드 등 다양한 볼거리도 제공한다.

 TIP 임실군에서 생산한 신선한 치즈도 구매 가능.

📍 전북 임실군 임실치즈테마파크 일원
📞 063-643-3900

강릉커피축제

바리스타 1세대로 불리는 박이추 등 유명 커피 명장들이 강릉에 자리 잡은 것은 어떤 이유에서일까? '강릉커피축제'가 열리는 강릉으로 떠나보자. 전국 유명 커피업체들이 참가해 커피 무료 시음 행사를 열며, 커피 명인들에게 직접 커피에 관한 노하우를 얻을 수 있는 세미나도 개최한다.

 TIP 최고의 바리스타를 뽑는 경연은 축제의 하이라이트다.

📍 강원 강릉시 강릉아레나 및 강릉 일원
📞 033-647-6802

진주남강유등축제

'진주남강유등축제'는 진주대첩의 역사에서 유래한 축제다. 진주대첩 당시 왜군이 남강을 건너 성으로 진격하려 하자 병사와 백성들이 강물 위에 유등을 띄워서 어두운 남강을 훤히 밝혀 왜군을 저지했다고 전해진다. 유등축제는 해 질 무렵 등불이 켜지면서 본격적으로 시작된다. 남강의 잔잔한 물결 위에 용, 봉황, 거북, 연꽃 등 다양한 모양의 수상 등이 전시되며 수상 불꽃놀이 등 화려한 볼거리를 제공한다.

얼음나라 화천산천어축제

오래전부터 세계가 더 주목한 축제가 있다. '얼음나라 화천산천어축제'는 2011년 미국 CNN이 선정한 '겨울철 7대 불가사의' 중 하나로 꼽혔다. 그만큼 어디서도 못 볼 이색적인 풍경이라는 얘기다. 이번 축제의 한자리는 누가 차지할까? 300마리의 산천어를 한꺼번에 구울 수 있는 초대형 구이 통 같은 흥미로운 볼거리도 놓치지 말자.

 TIP 산천어커피박물관에서 축제 기간 동안 커피를 무료로 제공한다.

경남 진주시 진주성 및 남강 일원
055-761-9111

강원 화천군 화천천 및 3개 읍·면 일원
1688-3005

지역을 대표하는 특산물 축제

청송사과축제

청송은 적은 강수량과 풍부한 일조량, 청정한 자연환경 등 사과를 재배하기에 최적의 조건을 갖춘 곳이다. '청송사과축제'는 8년 연속 대한민국 대표 브랜드 대상을 수상한 청송 사과를 한껏 즐길 수 있는 축제로, 사과잼 만들기 등 다양한 체험 프로그램을 즐길 수 있다. 청송 사과 퍼레이드, 사과 가면 무도회 등 볼거리도 다양하다.

양양송이축제

송이버섯은 비타민 D가 풍부하고 콜레스테롤을 줄여 성인병 예방에 효과가 있다. 자연산 송이버섯은 기후에 민감해 채취가 어려워 희소가치가 높은데, 양양에서 자라는 양양 송이는 특히 맛과 향이 뛰어나기로 유명하다. 매년 9월 양양에서 열리는 '양양송이축제'는 귀한 송이를 직접 채취하는 '송이보물찾기' 등 아이와 함께 할 수 있는 다양한 프로그램을 운영한다.

📍 경북 청송군 청송읍 용전천 현비암 일원
📞 054-870-6237

📍 강원 양양군 남대천 둔치 등 일원
📞 033-670-2114

순창장류축제

순창 고추장으로 만든 매콤하고 감칠 맛 나는 음식을 맛볼 수 있는 '순창장류축제'가 순창에서 열린다. 순창 고추장을 만드는 체험은 물론 순창 고추장으로 만든 떡볶이를 나눠 먹는 행사 등 맛있고 재미난 프로그램을 선보인다. 전통 장류를 소재로 한 문화 공연과 전시가 펼쳐지며, 순창 고추장 관련 제품도 판매한다.

풍기인삼축제

손꼽히는 인삼 산지인 영주에서 매년 10월이면 '경북 영주 풍기인삼축제'가 열린다. 풍기 인삼으로 만든 요리를 맛볼 수 있는 것은 물론, 고 풍기 인삼병주 만들기, 풍기 인삼 캐기 등 유익한 체험 프로그램이 즐비하다. 지역 인삼 농민들이 수확한 수삼과 홍삼 제품을 저렴한 가격에 구매할 수도 있다.

📍 전북 순창군 순창전통고추장민속마을 일원
📞 063-652-9301

📍 경북 영주시 풍기읍 남원천 둔치 일원
📞 054-635-0020

우리 것의 소중함을 느끼는 신토불이 축제

울산옹기축제

자연의 신비와 선조들의 지혜가 담겨 있는 옹기를 직접 만들어보는 축제가 울산에서 열린다. '울산옹기축제'는 전통 옹기 제작과 음식 저장 문화를 테마로 다양한 체험 프로그램과 전시 및 공연을 즐길 수 있는 행사. 현장에서 옹기 제작 시연을 볼 수 있으며, 옹기를 활용한 음식 저장 방식과 발효의 원리 등에 대해서도 배울 기회다.

TIP 무형문화재 장인의 옹기 제작 시연을 현장에서 볼 수 있어요.

📍 울산시 울주군 외고산옹기마을 일원
📞 052-227-4960

한산모시문화제

모시는 한국인의 섬세한 미적 감각과 수수한 생활 방식을 응축해 보여주는 아름다운 전통 옷감이다. '한산모시문화제'에서는 2011년 유네스코 인류무형문화유산에 등재된 한산 모시 짜기의 전통을 경험할 수 있다. 직접 모시를 짜보는 것은 물론 시원하고 가벼운 모시옷을 입어볼 수 있으며, 한산모시 패션쇼와 한산모시 퍼레이드 등 다양한 볼거리가 마련돼 있다.

📍 충남 서천군 한산면 한산모시관 일원
📞 041-950-4256

평창효석문화제

'소금을 뿌린 듯이'. 이효석의 단편소설 〈메밀꽃 필 무렵〉에서 꽃이 피기 시작한 메밀밭을 표현한 말이다. 초록 잎 위에 흰 소금을 뿌린 듯이 내려앉은 메밀꽃의 수수한 모습에 반하지 않을 사람이 어디 있겠는가. 소설 속 배경이 된 강원도 봉평에서는 매년 9월에 '평창효석문화제'가 열린다. 백일장과 시화전, 문학의 밤, 나만의 책 만들기 등 문학과 함께하는 프로그램뿐 아니라 봉숭아 물들이기, 뗏목 타기 등 낭만적인 행사가 준비되어 있다.

📍 강원 평창군 봉평면 효석문화마을 일원
📞 033-335-2323

밀양아리랑대축제

2012년 유네스코 인류무형문화유산에 등재된 '밀양아리랑'을 계승하는 축제인 '밀양아리랑대축제'. 밀양아리랑대축제의 하이라이트라 할 수 있는 〈밀양강 오딧세이〉는 밀양의 역사와 밀양아리랑을 결합해 만든 창작 뮤지컬로, 화려한 퍼포먼스와 아름다운 스토리텔링, 아리랑이 한데 어우러져 우리 문화의 정수를 엿볼 수 있다.

📍 경남 밀양시 영남루 및 밀양강변 일원
📞 055-353-3550

• THEME TOUR •

일곱 번째 테마 여행
캠핑

자연과
숨 쉬는 휴식

졸졸졸 개울물이 흐르고 풀벌레가 우는 자연의 BGM을 자장가 삼아 잠드는 캠핑을 통해 진정한 리프레시를 경험하는 것은 어떨까? 한옥 고택에서 묵거나 지역 주민과 다양한 체험 활동을 즐기며 특별한 추억을 만들 수 있는 숙소를 고르는 것도 좋은 선택이다.

전남 해남군 땅끝오토캠핑장.

자연과 더불어 캠핑

소선암오토캠핑장

두악산 자락에 계곡을 따라 조성한 캠핑장으로, 시원한 바람과 그늘 덕분에 한낮에도 더위를 느낄 틈이 없다. 취사실·샤워실 등 편의 시설을 갖추고 있으며, 얼마 전 시설 정비를 마쳐 더욱 쾌적한 캠핑을 즐길 수 있다.

대강오토캠핑장

소백산, 황정산, 도락산, 덕절산 등 명산과 가까워 등산을 즐기는 캠퍼들에게 더욱 추천하고 싶은 캠핑장. 바로 앞에 흐르는 맑은 물은 죽령계곡과 남조계곡의 물이 합류한 것이다. 단양8경 중 사인암·상선암· 중선암·하선암 등 4경이 가까워 단양의 아름다운 풍경을 만끽하기도 좋다.

TIP 단양 나들목과 5분 거리에 위치해 뛰어난 접근성을 자랑한다.

📍 충북 단양군 단성면 선암계곡로 1656
📞 043-423-0599

📍 충북 단양군 대강면 두음리 564-7
📞 043-421-7880

오시아노 캠핑장

이곳에 머무른다면 캠핑장 내 시설을 즐기는 것만으로도 바쁘다. 남도에서 자라나는 꽃과 식물로 근사한 정원을 꾸며놓은 남도 플라워파크, 코스 안에 해변을 끼고 있는 골프장, 이용객을 위한 해수욕장까지 다양한 즐길 거리가 많기 때문. 특히 이곳은 노을이 아름답기로 유명해 전국에서 캠핑족이 찾아온다.

 TIP 특히 이곳은 해 질 녘 노을이 아름답기로 유명!

📍 전남 해남군 화원면 화봉리 376-1
📞 061-534-0122

땅끝오토캠핑장

땅끝마을 해남에서도 가장 남쪽 모서리에 해당하는 땅끝송호마을에 위치한 캠핑장. 야트막한 산 하나를 넘으면 다도해를 한눈에 볼 수 있는 땅끝전망대에 오를 수 있고, 덕분에 조용하고 한적한 여유를 누릴 수 있다. 호수처럼 잔잔하고 소나무가 많다고 해서 이름 붙은 송호해수욕장을 바로 앞에 두고 있다.

 TIP 카라반 18대와 캠핑 사이트 총 50개 보유!

📍 전남 해남군 송지면 갈산길 25-5
📞 061-534-0830

휴식과 체험을 동시에

무선동한옥민박마을

40년 역사를 가진 마을로, 두륜산 자락에 둘러싸여 청정 자연 속에서 고즈넉하게 휴식하기 좋다. 무엇보다 다양한 전통문화 활동을 체험할 수 있다는 것이 강점. 해남 농산물을 활용한 요리 만들기, 도자기 만들기, 다도 및 예절 배우기, 민속놀이 체험, 민요 부르기, 명상 체험, 서예 등 예술·체육 분야의 다양한 프로그램이 준비되어 있다.

○ 전남 해남군 삼산면 민박촌길 44
☎ 061-533-9245

땅끝황토나라테마촌

야영을 즐기는 캠핑족과 편안한 휴식을 선호하는 리조트족 모두가 만족할 수 있는 곳. 30m² 면적의 객실 16개와 함께 숲속에 위치한 텐트 존과 오토캠핑 존을 모두 갖추고 있다. 황토의 특성을 살린 자연 친화적 문화시설로, 수변 공원과 음악 분수, 황토문화체험관, 공방촌 등 다양한 시설이 마련되어 즐거운 여가 시간을 보낼 수 있다.

○ 전남 해남군 송지면 땅끝해안로 1730
☎ 061-533-9822

소백산 정감록명당체험마을

조선 시대 예언서 〈정감록〉에 나오는 십승지지(흉년, 전염병, 전쟁의 삼재가 들지 않는 열 곳) 가운데 한 곳인 영춘면 하리에 조성한 휴양 시설로, 명당에 위치한 숙소가 여행자들에게 인기가 높다. 명당 체험관 1층에는 시청각실, 2층에는 북 카페가 마련되어 있다.

📍 충북 단양군 영춘면 하리밭터길 180
📞 043-423-3117, 043-421-7887

영주 선비촌

영주 선비촌은 영화와 드라마 촬영지로 사랑받는 곳으로, 한국 유교 문화 발상지인 소수서원과 인접해 있다. 선비촌을 한 바퀴 둘러보고, 저잣거리에서 느긋하게 식사한 후 한옥에서 하룻밤을 보내면 어떨까. 시간이 멈춘 듯한 공간에서 일상을 벗어난 여유와 운치를 느낄 수 있다. 객실 크기도 다양하고, 비품도 조금씩 다르다.

 TIP 현대화된 고택과 전통 고택 두 가지 형태 중 선택 가능!

📍 경북 영주시 순흥면 소백로 2796
📞 054-638-6444

• THEME TOUR •

여덟 번째 테마 여행
지식 쌓기

놀며 체험하며
공부하기

교과서 속의 딱딱한 지식은 아무리 머리에 넣으려고 해도 왜 이렇게 어려운지. 그러나 엄마, 아빠와 함께 떠난 여행의 즐거운 기억은 저절로 또렷이 각인된다. 놀이와 체험으로 즐거운 시간을 보내면서 자연스럽게 역사와 생태 공부를 할 수 있는 여행지를 소개한다.

강원 영월시 장릉.

박물관에서 똑똑해지기

문경에코랄라(석탄박물관)

문경에코랄라 에코타운, 석탄박물관 등으로 구성된 국내 유일의 환경&미디어 체험 테마파크. 생태 전시와 기획전 관람뿐 아니라 영상 제작, 키즈 짚와이어 등 다양한 체험 시설이 조성되어 있으며, 실제 광업소의 분위기와 갱도를 체험할 수 있도록 홀로그램, AR 등 최신 기술을 활용해 몰입감이 높다.

- 성인 1만6000원, 어린이 1만2000원
- 경북 문경시 가은읍 왕능길 112
- 09:00~18:00
- 054-572-6854

전통문화콘텐츠박물관

최첨단 기술로 체험하는 전통문화콘텐츠박물관은 전통문화와 디지털 기술이 탄생시킨 국내 최초의 박물관이다. 고요히 잠들어 있는 문화재가 아닌 눈앞에서 생생하게 살아 움직이는 전통문화를 체험할 수 있다는 의미다. 인터랙티브 체험으로 전통 민요, 먹거리, 복식, 축제 그리고 구수한 안동 사투리까지 우리의 문화유산을 재미있고 흥미진진하게 배울 수 있다.

- 무료
- 경북 안동시 서동문로 203 문화공원 내
- 09:00~18:00
- 054-843-7900

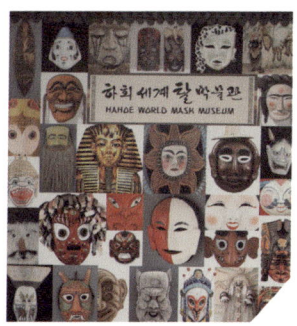

낙동강생태학습관

자연에 관심 많은 아이들이 있다면 낙동강생태학습관을 방문해보자. 낙동강 자연 체험과 함께 자연과 생태의 중요성을 알 수 있는 곳으로, 안동 지역 습지와 습지의 친구들, 습지와 사람들이라는 주제의 테마 형식으로 꾸며 아이들이 오감을 통해 간접적으로나마 자연을 체험할 수 있다.

- 무료
- 경북 안동시 남후면 풍산단호로 835-12
- 09:00~18:00
- 054-850-4600

하회세계탈박물관

'안동' 하면 떠오르는 몇 가지 중 대표적인 것이 바로 하회탈. 안동 하회마을에서 전승되는 하회탈 외에도 국내외의 다양한 탈을 한곳에서 만날 수 있는 곳이다. 각종 탈과 그에 담긴 의미, 조형 미술품으로서의 탈 등 우리 전통문화인 탈에 대해 가슴으로 느끼는 기회가 될 것이다.

> **TIP** '나만의 탈 만들기' 체험을 꼭 해보기!

- 어른 5000원, 청소년 2500원, 어린이 1500원
- 경북 안동시 풍천면 전서로 206
- 09:30~18:00
- 054-853-2289, 2938

근대 거리에서 역사 공부를

영주 근대역사문화거리

영주 구도심 북쪽을 수평으로 가로지르는 광복로와 관사골을 이어주는 두 서길 일부에 근대 생활의 자취를 간직한 건축물이 여럿 남아 있다. 영주 지역의 철도 역사와 함께 역무원의 생활을 엿볼 수 있는 철도 관사, 근대산업 시기 양곡 가공업의 발전상을 보여주는 풍국정미소, 80년간 전통을 이어온 장인의 손길이 깃든 영광이발관 등 오래된 건축물이 세월의 흔적과 함께 고스란히 남아 있다.

📍 경북 영주시 영주동 일대
📞 054-634-3105

대구 근대골목

대구를 이해하기에 가장 좋은 방법 중 하나는 '골목투어'에 참여하는 것이다. 골목투어는 5개 테마의 코스로 구성되어 있으며, 길을 걷다 보면 '달구벌'의 기원, 조선 시대 행정 중심 도시로서의 면모, 독립운동의 중심지, 지금까지 이어지고 있는 패션·예술 도시로서의 면모까지 대구의 역사와 현재를 알 수 있다.

> **TIP** 제2코스 근대문화골목투어 추천!
> 청라언덕, 이상화·서상돈 고택 등을 만날 수 있다.

📍 대구시 중구 경상감영길 67
📞 053-661-2000

영월 장릉

장릉은 2009년 6월 30일 유네스코 세계문화유산에 등재된 조선 제6대 왕 단종의 무덤이다. 왕릉 아래로는 단종 역사관과 단종의 충신들을 기리는 '장판옥', '영험한 우물'이라는 의미의 작은 우물 '영천' 등이 자리해 조선의 역사와 아름다운 궁의 면면을 돌아볼 수 있다. 역사관을 통해 단종의 일대기를 살펴본 후 언덕 위로 나 있는 계단을 따라 왕릉으로 걸어 올라가보자.

TIP 어른 2000원, 청소년 1500원, 어린이 1000원

📍 강원 영월군 영월읍 단종로 190
📞 033-374-4215

온달관광지

천연기념물 제261호로 지정된 온달동굴, 신라 시대 산성으로 원형이 잘 남아 있는 온달산성과 함께 온달드라마 세트장, 온달전시관, 테마 공원을 갖춘 복합 관광 공원이다. 드라마 〈바람의 나라〉, 〈태왕사신기〉, 〈천추태후〉, 〈화랑〉, 〈육룡이 나르샤〉 등 많은 드라마와 영화를 촬영한 세트장이 있어 매년 온달문화축제에 맞춰 각종 체험 프로그램은 물론, 찻집이나 주막을 운영하기도 한다.

📍 충북 단양군 영춘면 온달로 23
📞 043-423-8820

• THEME TOUR •

아홉 번째 테마 여행
스마트

취향 따라 누비는 인천 개항장 거리

인천은 1883년 개항하며 한국 근대사의 시작점이 되었다. 거리, 골목, 건축물에 그 역사가 고스란히 남아 이질적이고 이국적인 분위기로 가득하다. 우리나라 첫 번째 스마트관광도시이기도 한 인천의 '인천e지' 앱에 들어가면 슬프고도 찬란한 이야기가 흥미롭게 펼쳐진다.

―――― 인천 개항장 거리.

오프라인 콘텐츠와 ICT의 앙상블

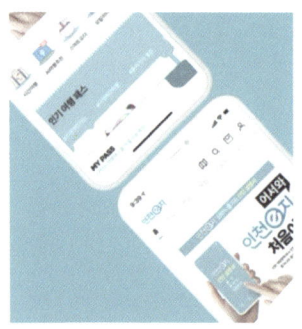

'인천e지' 앱

'인천e지' 앱은 옛이야기를 현실에 구현해 흥미를 자극하기 때문에 앱 사용이 더욱 적극적으로 이뤄진다. 또한 취향에 맞게 여행 일정을 정리할 수 있는 인공지능(AI) 일정 추천, 가상현실(VR)·증강현실(AR)로 생생히 마주하는 19세기 제물포의 희로애락, 모빌리티 예약, 비대면 결제 시스템까지 인천e지 안에서 한 번에 가능해 편리하다. 현재 개항장을 중심으로 차이나타운, 신포국제시장, 싸리재길 등 이용 범위를 점차 넓히고 있다.

◪ 구글 플레이스토어, 애플 앱스토어에서 누구나 무료로 다운로드 가능!

개항차 투어

인천e지 앱을 이용해 개항차 투어를 신청해보자. 해설사 역할도 하는 가이드가 운전까지 해주어 안전하고, 개항장의 주요 명소를 좀 더 효과적으로 돌아볼 수 있다. 아직은 사용법이 익숙지 않은 VR·AR 서비스도 곳곳에서 사용법을 알려주어 도움이 된다. 앱을 통해 개항차는 물론 프라이빗 이동 서비스, 인천 시티 투어 버스, 월미바다 열차 등을 예약·결제할 수 있어 더욱 편리하다.

◪ 투어 진행 전 '인천e지 AR' 앱을 깔면 더 재밌게 즐길 수 있다는 점!

개항장 교육 관광 프로그램

인천은 어린이와 청소년을 대상으로 인천 개항장 교육 관광 프로그램을 운영하고 있다. 아이들은 개항 당시로 시간을 거슬러 올라가 선비나 아기씨 역할극에 참여해 코스별 미션을 수행하게 된다. 청일조계지 경계계단에서는 인천e지 파노라믹 AR을 이용해 19세기 근대 문물을 접하고, 대불호텔 전시관에서는 인천e지 고스트 도슨트 '무명의 여가수'를 만나 아펜젤러 밀서를 찾아오는 체험 등을 하며 개항장의 찬란한 이야기를 생생히 마주한다.

◪ AR 고스트 도슨트는 대불호텔, 누들플랫폼, 한중원등 개항장일대 총 여덟 곳에서 체험 가능!

근현대사의 복합 문화 공간

개항장 거리는 130여 년의 시간을 거슬러 올라 우리나라 근현대사를 한눈에 살펴볼 수 있는 복합 문화 공간이기도 하다. 인천개항박물관, 인천개항장 근대건축전시관, 대불호텔 전시관, 생활사전시관, 한중문화관, 짜장면박물관(옛 공화춘) 그리고 인천아트플랫폼, 한국근대문학관을 거쳐 마지막으로 자유공원에 오르면 맥아더 동상과 함께 인천항이 한눈에 펼쳐진다. 통합 관람권 하나로 일대의 박물관·전시관 등을 알차게 둘러볼 수 있다.

◪ 통합 관람권 금액은 어른 3400원, 청소년 2300원, 어린이 무료!

스마트한 개항장 거리 산책

청일조계지 경계계단

1920년대 개항장 거리는 '청관거리'로 불렸다. 이는 청국 조계를 통칭하던 말로, 한국과 중국 등지에 형성했던 일종의 치외법권 지역, 즉 외국인이 살면서 각종 상업 활동에 제약을 받지 않던 곳을 가리킨다. 대표적 명소인 청일조계지 경계계단은 한쪽은 중국, 한쪽은 일본 건축양식으로 조성됐다. 거리도 마찬가지. 인천e지 파노라믹 AR을 통해 당시의 청관거리 전경을 둘러본다. 시공간을 거슬러 올라가는 드라마 한 장면을 마주하는 듯 기분이 묘하다.

◎ 인천시 중구 차이나타운로55번길 21 일원

대불호텔 전시관

개항장 시간 여행은 인천e지로 완성된다. VR·AR 콘텐츠는 해당 장소에서만 구동되어 온라인과 오프라인 세상을 적극적으로 연결한다. 역사 속 인물을 '고스트 도슨트'로 불러와 개항장 각각의 공간에 얽힌 이야기를 전한다. 대불호텔은 최초의 서양식 호텔로, 현재는 전시관으로 사용 중이다. 호텔 창업자의 아들인 호리 리키타로와 호텔 3층 연회장에서 만난 모던 걸 싱어가 개항 당시 인천의 생활상과 대불호텔의 역할을 들려준다.

◎ 인천시 중구 신포로23번길 101

제물포구락부

제물포구락부에서 인천e지의 '리얼타임 드라마'를 구동시키면 러일전쟁이 발발하기 전 태풍의 눈처럼 평화로웠던 제물포구락부의 한때가 고스란히 VR 무비로 재현된다. 해외 로케이션으로 세트장을 세우고, 외국인 배우들을 기용해 무도회 장면을 연출했다. 제물포구락부는 당시 국제 사교의 중심지로서 정기적으로 무도회가 열렸다. 화려한 이면에는 조선을 두고 치열한 외교와 비즈니스 각축전이 벌어진 아이러니한 곳.

📍 인천시 중구 자유공원남로 25

베스트웨스턴 하버파크호텔

본격적인 여행에 앞서 개항장 일대의 관문 역할을 하는 베스트웨스턴 하버파크호텔에 들러보자. 로비에 마련한 스마트 키오스크를 통해 개항장에 대한 이해를 돕고, 주요 관광 코스를 흥미롭게 만날 수 있다. 터치 한 번으로 코스별 동선과 소요 시간, 입장료 등 여행 비용까지 계산해주어 '스마트함'이 무엇인지 제대로 보여준다. 개항장은 물론 인천 또한 첫 방문이라면 꼭 눌러보자. 타임라인별로 시간 여행이 좌르르 펼쳐진다.

📍 인천시 중구 제물량로 217

• THEME TOUR •

열 번째 테마 여행
관광두레

지역 고유의
이야기를 찾아서

'관광두레'는 지역 전문가인 주민이 주도하는 지역 관광 활성화 사업이다. 업종은 숙박, 식음, 여행, 체험, 레저, 기념품으로 다양하지만 하나의 공통점이 있다. 지역 고유의 자원을 활용한다는 것. 덕분에 관광두레를 찾는 여행자들은 오직 현지에서만 가능한 경험을 할 수 있다.

경남 산청군 풀꽃누리.

자연에서 찾은 즐거움

평화오르골

오르골을 만들며 분단의 상징인 비무장지대(DMZ)에서 평화의 의미를 되새겨볼 수 있는 관광두레. DMZ를 상징하는 지뢰와 총알 맞은 철모, 전사자의 총 등 전쟁의 상징물에 꽃을 더해 평화기원 오르골을 만들어본다. 투어카를 타고 해설사와 함께 숲을 돌아보며 전쟁과 갈등의 의미를 되짚어보는 숲 해설 프로그램도 운영한다.

📍 경기 파주시 법원읍 술이홀로1333번길 128
📞 031-959-9090

목금토크래프트

안성 지역에서 활동하는 공예가들의 지도 아래 다양한 만들기 체험을 해볼 수 있는 관광두레. 도예, 가죽, 천연 캔들&비누, 한지, 금속, 천연 염색, 직조 등 7개 분야의 공예를 취향대로 선택할 수 있어 더욱 매력적이다. 내 손으로 직접 빚는 도자기, 한 땀 한 땀 바느질로 완성하는 가죽 제품은 세상에 단 하나뿐이라 더욱 소중하다.

 TIP 프로 공예가의 제품을 구입할 수 있는 편집숍 꼭 들러보기!

📍 경기 안성시 보개면 남사당로 198-10
📞 031-676-6543

풀꽃누리

천연 염색가 박영진 장인의 지도로 〈규합총서〉, 〈동의보감〉 등 고서에 나오는 전통 천연 염색을 직접 체험할 수 있는 프로그램. 물 위에 비치는 붉은색을 의미하는 물홍색부터 대홍색·선황색·유록색·압두록색·경색·목홍색 등 고문서에 내려오는 전통 천연색을 구현하고, 산청의 한방 약초를 이용한 염색 원리도 익힐 수 있다. 산청의 청정 자연환경을 활용한 다양한 체험 프로그램과 마을 관광까지 이어진다.

- 경남 산청군 단성면 지리산대로 2885
- 070-8199-7107

더휴앤

문화와 자연을 접목해 대구의 색과 이야기를 소개한다. '무덤덤투어'에 참여하면 천연기념물 제1호 측백나무 숲에서 편백나무 주걱을 만들고, 오일장을 둘러보며 지역의 다양한 먹거리를 맛볼 수 있다. 전국 최대 규모 연꽃 단지인 가남지에서 멸종 위기 식물 가시연을 보고, 백조가 찾아오는 안심습지와 점새늪 등 자연과 인간이 공존하는 도심 속 자연 공간을 둘러보는 친환경 여행에 동참할 수 있다.

- 대구시 동구 반야월북로53길 10 103동 상가 113호
- 053-964-3459

오감으로 경험하는 지역 이야기

몽트비어

맥주가 너무 좋은 나머지 직접 맥주를 만들기 시작한 맥주 동호회 회원들이 주축이 되어 2016년 수제 맥주 양조장을 설립했다. 경북 상주의 샤인머스캣, 양양 곰마을의 복숭아, 응골마을의 딸기 등 지역 농가의 싱싱한 과일을 이용해 수제 맥주를 만든다. 속초 맥주, 막걸리 등 수제 주류를 생산하는 과정을 지켜보고 직접 체험할 수 있다.

📍 강원 속초시 학사평길 7-1
📞 033-636-9010

나전역카페

1970~1980년대에 전성기를 누린 나전역. 그러나 정선의 탄광이 문을 닫으면서 점차 방문하는 이가 줄어들어 무배차 간이역이 되었고, 사람들의 기억 속에 잊혀갔다. 관광두레는 이곳에 새 생명을 불어넣어 '나전역카페'라는 새로운 공간으로 탄생시켰다. 이곳에서는 강원도 정선의 특산품인 곤드레를 이용한 파이, 크림 커피, 떡 등 이색 간식을 맛볼 수 있다.

 TIP 기존 역의 시설물이 그대로 남아 있어 레트로 여행도 가능!

📍 강원 정선군 정선읍 북평면 북평8길 38
📞 033-563-3646

외미골이야기

동화책 〈민들레는 민들레〉의 작가 오현경 대표가 운영하는 곳으로, 민들레를 테마로 한 음료를 맛보고 다양한 활동에 참여할 수 있다. 강진의 특산품인 귀리와 외미골에서 재배한 단호박으로 만든 민들레라테를 마시며, 야외에 이젤을 세워놓고 동화책 작가가 된 듯 나만의 그림을 그리는 '나도 예술가' 프로그램에 참여해보자.

문화세상고리협동조합

안산의 대표적인 다문화 거리는 원곡동 다문화특구 지역이다. 이곳에서는 세계 여러 나라의 문화를 눈으로 보고 입으로 맛보며 다양하게 체험하는 이색 다문화 여행을 즐길 수 있다. 다문화에 대한 교육과 체험은 물론 이주 여성이자 다문화 강사로 활동 중인 가이드에게 한국에 오게 된 배경, 이주민으로서 겪는 갈등과 문제 등을 직접 듣고 소통하는 시간이기도 하다.

> **TIP** '미식 투어'를 통해 할랄 음식, 태국 음식 등 현지 식당의 음식을 맛볼 수 있다.

📍 전남 강진군 도암면 해안관광로 1083
📞 0507-1308-0432

📍 경기 안산시 단원구 화정로 9 상가 106호
📞 031-411-1150

CHAPTER
03

TRAVELER'S PICK

그저 마냥 걷고 싶을 때, 문득 산에 오르고 싶을 때,
불현듯 가족들과 하고 싶은 게 생각났을 때,
훌쩍 떠날 수 있도록 열 개의 순간과 쉰 곳의 장소를 모았다.

• TRAVELER'S PICK •

가벼운 걷기 여행을 하고 싶을 때

1. **담양**
메타세쿼이아 가로수길은 우리나라 걷기 여행 코스 중 가장 잘 알려진 곳이다. 담양에는 이곳 외에도 죽녹원과 용마루길 등 걷기 좋은 산책 코스가 많다.

2. **남해**
남해바래길은 사계절 중 특히 봄이 아름다운 명소다. 총 15개 코스로 그중 가천다랭이마을의 벚꽃과 유채꽃 필 무렵 풍경은 가족사진 찍기에도 안성맞춤이다.

3. **부안**
백제 시대에 세워진 내소사는 부안의 자랑이다. 특히 내소사 입구에 펼쳐진 전나무 숲길은 국내 아름다운 길 100선에 선정된 바 있다.

4. **거제**
섬앤섬길이라는 트레킹 코스가 있다. 충무공 이순신 장군이 첫 승전을 거둔 옥포대첩의 장소인 '충무공 이순신 만나러 가는 길'도 아이들과 이야기하며 걷기 좋다.

5. **군산**
군산호수와 청암산, 백제제를 잇는 구불길은 잔잔한 풍광이 좋아 산책하듯 걷기에 무난하다. 가까이에 갯벌 체험장이 있어 아이들 체험 여행지로도 적당하다.

담양

메타세쿼이아 가로수길

담양에서 둘째가라면 서러워할 만큼 가장 많은 사랑을 받고 있는 산책길이다. 숲처럼 울창하게 자란 거대한 가로수가 만들어내는 2.1km의 아름다운 터널 길을 걷는 것만으로도 마음이 시원해진다. 가로수길이 자리한 메타세쿼이아랜드 내에는 호남기후변화체험관, 어린이 프로방스, 개구리생태공원 등 생태 교육장이 마련되어 다양한 체험을 할 수 있는 가족 단위 나들이 장소로도 제격이다.

ADDRESS 전남 담양군 담양읍 학동리 633

✚ PLUS Info ① 죽녹원
죽녹원에는 '죽녹원 8길'이라 하여 대나무 숲에 8개 주제의 산책로가 조성되어 있다.

✚ PLUS Info ② 용마루길
추월산과 용추봉 사이에 흐르는 물이 모여 이룬 담양호를 따라 조성한 3.9km의 산책길이다.

남해 남해바래길

→ 231km에 달하는 19개 코스로, 안내 표지판이 촘촘히 설치돼 있다. 바래길 전용 앱을 통해 숙박, 교통, 길 찾기, 완보 인증 등의 서비스를 받을 수도 있다. 사계절 중 특히 봄이 아름답다.

ADDRESS 경남 남해군 남면·설천면 등 일대

✚ **PLUS Info. 추천 코스 - 11코스 다랭이지겟길**
경남 남해군 남면 남면로679번길 21
다랭이두레방 남해바래길 탐방안내센터
055-863-8778, baraeroad.or.kr

부안 내소사 전나무 숲길

→ 내소사 입구까지 펼쳐지는 전나무 숲길은 국내 아름다운 길 100선에 선정된 바 있다. 평탄한 흙길과 시원하게 뻗은 전나무가 그늘을 만들어주어 부담 없이 걸을 수 있는 산책 코스로 사랑받는다.

ADDRESS 전북 부안군 진서면 내소사로 243

✚ **PLUS Info. 변산마실길**
한국의 8경으로 변산마실길도 꼽힌다. 총 8개 코스로 길마다 특징이 달라 데이지꽃 필 때 가면 좋은 길도 있고, 모항갯벌 따라 걷는 길도 아름답다.

섬앤섬길

거제

———→ 섬앤섬길은 14개 코스로 구성돼 있다. 그중 5코스 '충무공 이순신 만나러 가는 길'은 특히 임진왜란 당시 첫 승의 터전인 옥포만을 품고 걸을 수 있는 길로, 역사와 문화, 자연경관을 풍요롭게 즐길 수 있다.

ADDRESS   경남 거제시 일운면 구조라로 27

✪ **FOOD Info. 대구탕**
외포항에는 유명한 대구탕 식당이 있다. 뽀얀 국물에 탱글탱글한 생선 살이 들어 있어 진하고 개운한 맛이 일품이다.

구불길

군산

———→ 추천 코스 중 하나인 물빛길은 군산호수와 청암산, 백석제를 둘러볼 수 있다. 청암산과 옥구토성 성곽을 거쳐 은파호수공원에서 끝나는 길이다. 이름처럼 물빛의 황홀함에 흠뻑 빠져드는 길이다.

ADDRESS   전북 군산시 옥도면·대야면 등 일대

✪ **TREKKING info. 구불길 코스별 소요 시간**
구불6길 달밝음길 : 15.5km, 4시간 17분
구불6–1길 탁류길 : 7.5km, 2시간
구불8길 고군산길 : 36km, 9시간 23분

• TRAVELER'S PICK •

여행지에서 인생샷을 남기고 싶을 때

1. **완주** — 만경강 위를 가로지르는 옛 철교에는 카페와 갤러리를 운영하는 비비정 예술열차가 365일 정차해 있다. 열차 객실 4량으로 구성된 예술열차 카페에서 인생샷을 남겨보자.

2. **영월** — 젊은달와이파크의 붉은 대나무는 자연의 기개를 그대로 간직하고 있다. 여행객의 눈길을 단번에 사로잡으며 강렬한 영감을 주는 이곳은 대표 포토 스폿으로 유명하다.

3. **신안** — 영화 〈자산어보〉 세트장 내 초가집 마루에 앉으면 에메랄드빛 바다와 하늘을 한 번에 사진에 담을 수 있다. 이곳은 정약전이 지낸 초가를 재현해놓은 곳이다.

4. **장흥** — 선학동마을은 가을이면 메밀꽃으로 뒤덮여 아름다운 경치를 자랑한다. 언덕으로 올라갈수록 메밀꽃이 만개해 인생샷을 찍기에 그만이다.

5. **울릉** — 방파제에 그림같이 솟아 있는 촛대바위 옆을 걸을 때의 기분이란 형용할 수 없을 정도다. 특히 바위를 배경으로 떠오르는 일출 풍경이 일품이다.

> 완주

만경강과 비비정

────→ 작가 김훈의 수필집 〈라면을 끓이며〉에 수록된 '갯벌'이라는 글에는 만경강에 대해 이렇게 쓰여 있다. "내륙을 흘러온 큰 강이 하구의 갯벌에 이르러 바다와 합쳐지는 풍경은 소멸이다. (…) 저녁 무렵의 만경강 갯벌에서는 그 소멸을 완성이라고 말하고 싶다." 그 소멸의 연원을 찾아 강을 거슬러 올라가면 바로 그곳에 완주가 있다. 노을이 지는 어스름한 저녁 무렵, 자전거를 한 대 빌려 강변을 따라 달려보자. 막 찍어도 화보가 된다.

ADDRESS 전북 완주군 삼례읍

✚ PLUS Info. 비비정 예술열차
만경강 위를 가로지르는 옛 철교에는 카페와 갤러리를 운영하는 예술열차가 365일 정차해 있다. 열차 객실 4량으로 된 비비정 예술열차 카페에서는 경치를 감상하며 차를 마시는 호사를 누릴 수도 있다.
🗺 전북 완주군 삼례읍 비비정길 73-21
📞 063-211-7788

영월 젊은달와이파크

젊은달와이파크는 현대미술관과 목공예·금속공예 공방, 술샘박물관으로 이루어진 대지 미술 공간이다. 이 미술관의 포토 스폿이 된 '붉은 대나무'는 붉은색 금속 파이프를 이용해 만든 설치미술 작품이다.

ADDRESS 강원 영월군 주천면 송학주천로 1467-9

✚PLUS Info. 패러글라이딩
영월은 사계절 내내 패러글라이딩을 즐길 수 있는 곳으로 이름 나 있다. 청량한 여름이나 순백의 눈이 덮인 겨울 모두 패러글라이딩의 계절!

신안 영화 <자산어보> 세트장

신안에서 오랜 유배 생활을 한 정약전이 지낸 초가를 재현해놓은 곳이다. 그는 유배 기간 동안 어류학서 <자산어보>를 집필했다. 초가집 마루에 앉으면 에메랄드빛 바다와 하늘을 함께 사진에 담을 수 있다.

ADDRESS 전남 신안군 도초면 도초도 발매리마을 내

✚PLUS Info. 도초수국공원
여름이면 도초도는 수국으로 환히 물든다. 공원 내에 식재된 식물은 애기동백 외 4종 1004그루, 수국 20만 그루 등에 달한다.

선학동마을

장흥

→ 봄이면 유채꽃이 만발하고, 가을엔 메밀꽃으로 뒤덮여 아름다운 경치를 자랑한다. 언덕으로 올라갈수록 메밀꽃이 만개해 인생샷을 찍기에 그만이다. 마을 앞에 넓게 펼쳐진 득량만 바다 풍광도 일품이다.

ADDRESS 전남 장흥군 회진면 가학회진로 1212

✚ **PLUS Info. 선학동 나그네**
장흥이 고향인 작가 이청준의 소설 〈선학동 나그네〉의 배경이 되는 곳이다. 소설을 원작으로 한 임권택 감독의 영화 〈천년학〉을 촬영하기도 했다.

행남해안산책로

울릉

→ 기암절벽과 천연 동굴, 무지개다리 등의 명소를 눈에 담을 수 있다. 촛대바위를 배경으로 사진을 찍어도 좋고, 해가 지면 오징어잡이 배들이 정박해 있는 저동항으로 나가 사진을 찍어보는 것도 추천한다.

ADDRESS 경북 울릉군 울릉읍 봉래1길 19-47

✚ **TREKKING info. 해안길 왕복 코스**
도동항여객선터미널에서 도동등대까지의 행남 코스는 왕복 2시간 정도 걸리며, 저동 촛대바위 코스는 왕복 3시간 정도 걸린다.

• TRAVELER'S PICK •

풍요로운 문학 기행을 떠나고 싶을 때

1. **하동**
대하소설 〈토지〉의 배경인 평사리 최참판댁은 소설을 재현한 공간이다. 매년 10월 '토지문학제'가 열리는 이곳에는 문학을 사랑하는 사람들이 전국에서 모여든다.

2. **원주**
강원도 원주시에도 작가 박경리를 기리는 공간이 있다. 작가는 경남 통영에서 태어났으나 원주에서 소설 〈토지〉의 4·5부를 완성했고, 그 후 원주에서 생애를 마감했다.

3. **보성**
소설가 조정래의 대표작 〈태백산맥〉을 기리기 위한 태백산맥문학관은 원고지 1만6000여 장 분량의 〈태백산맥〉 육필 원고를 비롯해 159건, 719점의 증여 작품을 전시하고 있다.

4. **평창**
이효석문학관은 소설가 이효석의 생애와 문학 세계를 볼 수 있는 문학전시실과 문학 체험을 할 수 있는 문학교실, 학예연구실 등으로 이루어져 있다.

5. **목포**
목포는 한국 근대극 창시자 김우진, 한국 최초 여성 장편소설가 박화성, 한국 사실주의 연극의 완성자 차범석 등 한국문학 선구자들을 배출해낸 문학의 도시다.

(하동)

이병주문학관

———• '한국의 발자크'라고 불리는 소설가 이병주는 경남 하동에서 출생했다. 2008년 하동 지리산 인근에 그를 기리는 문학관이 설립됐다. 언론인 이병주의 모습부터 마흔네 살 늦깎이로 작가의 길에 들어선 후 타계할 때까지의 발자취를 살펴볼 수 있는 문학관 내부는 연대기순으로 작가의 생애, 작품 그리고 문학 세계를 정리해놓았다. 작가는 생전에 "역사는 산맥을 기록하고, 나의 문학은 골짜기를 기록한다"고 말했다.

ADDRESS 경남 하동군 북천면 이명골길 14-28

✛ **WRITER Info.**
이병주 | 소설가(1921~1992)
대하소설 〈관부연락선〉, 〈지리산〉, 〈산하〉, 〈소설 남로당〉, 〈그해 오월〉을 비롯해 수없이 많은 중·장편 소설을 남겼다.

✛ **BOOK Info.**
〈문학을 위한 변명〉
이병주의 자전적 이야기와 문학에 대한 생각을 정리한 에세이집.

원주 — 박경리문학공원

작가는 원주에서 소설 〈토지〉의 4·5부를 완성했고, 그 후 원주에서 생애를 마감했다. 공원에는 이층집과 정원, 집필실이 원형 그대로 보존되어 있다. 옛집 주변에 조성한 테마공원에서는 책 속 문장이 곳곳에 새겨져 있어 산책하며 둘러볼 수 있다.

ADDRESS 강원 원주시 토지길 1

✚WRITER Info. 박경리 | 소설가(1926~2008)
26년의 창작 기간을 거쳐 완성한 대하소설 〈토지〉를 비롯해 〈표류도〉, 〈김약국의 딸들〉, 〈시장과 전장〉 등 다수의 장편소설을 발표했다.

보성 — 태백산맥문학관

소설가 조정래의 대표작 〈태백산맥〉을 기리기 위해 세운 태백산맥문학관은 원고지 1만 6000여 장 분량의 〈태백산맥〉 육필 원고를 비롯해 159건, 719점의 증여 작품을 전시하고 있다. 문학관은 소설 준비 과정에서 따온 4개의 파트로 구성해 관람객의 이해를 돕는다.

ADDRESS 전남 보성군 벌교읍 홍암로 89-19

✚WRITER Info. 조정래 | 소설가(1943~)
1970년 〈현대문학〉으로 등단한 이후 단편집 〈어떤 전설〉, 〈20년을 비가 내리는 땅〉을 비롯해 대하소설 〈태백산맥〉, 〈아리랑〉, 〈한강〉 등을 출간했다.

이효석문학관

평창

──→ 소설가 이효석의 생애와 문학 세계를 볼 수 있는 문학전시실과 문학 체험을 할 수 있는 문학교실, 학예연구실 등으로 이루어져 있다. 단편소설 〈메밀꽃 필 무렵〉의 배경이 된 옛 봉평 장터 모형, 그의 문학과 생애를 다룬 영상물, 어린이용 영상물 등을 통해 다양한 체험이 가능하다.

ADDRESS 강원 평창군 봉평면 효석문학길 73-25

✚**WRITER Info. 이효석 | 소설가(1907~1942)**
한국 단편문학을 대표하는 작품으로 꼽히는 〈메밀꽃 필 무렵〉의 작가. 〈돈〉, 〈수탉〉 등 향토색 짙은 작품을 많이 선보였다.

목포문학박람회

목포

──→ 2021년 최초로 개최한 목포문학박람회는 격년에 한 번씩 열린다. 목포는 한국 근대극 창시자 김우진, 한국 최초 여성 장편소설가 박화성, 한국 사실주의 연극의 완성자 차범석, 한국 문학평론 창시자 김현 등 한국문학 선구자들을 배출해낸 문학의 도시다.

ADDRESS 전남 목포시 남농로 95 목포문학관 일원

✚**WRITER Info. 박화성 | 소설가(1903~1988)**
한국 최초 여성 장편소설가. 국제펜클럽 한국본부 중앙위원 등 다양한 활동을 했다. 주요 작품으로 〈백화(白花)〉, 〈고개를 넘으면〉 등이 있다.

• TRAVELER'S PICK •

맛 따라 멋 따라
미식 여행을 가고 싶을 때

1. **제천** — 한우 갈빗살·돼지갈비찜·갈비탕 등 갈비 메뉴뿐 아니라 간과 위를 튼튼히 하고 열을 내리며, 이뇨 작용을 돕는 대표적 토종 약초 흰민들레로 만든 하얀민들레솥밥이 별미다.

2. **목포** — 민어회는 부드럽고 고소하며, 씹다 보면 끝에 쫄깃함이 느껴진다. 산란을 앞두고 살이 차올라 기름기가 풍부해지는 민어는 여름이 제철이다.

3. **광양** — 섬진강과 바다가 만나는 기수역인 망덕포구의 전어는 육질이 탄탄하고 지방질이 몸 전체에 고루 퍼져 고소한 맛이 나는 것으로 정평이 나 있다.

4. **울주** — 울주에는 한우불고기특구가 '봉계'와 '언양' 두 곳이나 있다. 같은 한우불고기특구라 해도 지역별로 조리 방식과 메뉴 등에 차이가 있으니 취향 따라 골라보는 것을 추천한다.

5. **영주** — 영주한우숯불거리에서는 같은 값을 주고도 맛있는 한우를 다른 지역에 비해 푸짐하게 먹을 수 있다. 영주가 축산업으로 유명하기 때문.

(제천)

하얀민들레솥밥

한우 갈빗살, 돼지갈비찜, 생삼겹살, 묵은지전골, 갈비탕 등 전통적인 갈빗집 메뉴를 맛볼 수 있는 '마당갈비막국수'를 찾은 여행자들이 빼놓지 않고 먹고 가는 메뉴는 바로 하얀민들레솥밥이다. 흰민들레는 간과 위를 튼튼히 하고 이뇨 작용을 돕는 대표적 토종 약초다. 이곳은 제천시 백운면에 자리한 농장에서 흰민들레를 키워 고구마, 콩, 은행, 대추, 표고버섯 등과 함께 지은 귀하고 영양 가득한 솥밥을 내놓는다.

ADDRESS 충북 제천시 숭문로10길 11

✚ PLUS Info. 상동막국수
봉평의 메밀특산단지영농조합법인에서 가져온 메밀로 막국수를 만든다. 맛은 5대 장손 며느리인 사장이 조부모와 시부모로부터 전해 내려오는 비법을 전수해 완성했다. 여러 약초와 과일, 채소를 우려내 자극적이지 않으면서 건강하고 맛있다.
📍 충북 제천시 풍양로9길 11-1
📞 043-644-2555

목포 · 민어회

———→ 무안, 신안, 완도, 흑산도 등에서 어획된 바다 생물은 목포로 들어와 거래된다. 부드럽고 고소하며, 씹다 보면 쫄깃함이 느껴지는 민어는 여름이 제철이다. '미항횟집'은 매일 수협경매장을 통해 신안과 완도에서 잡은 민어를 들여온다.

ADDRESS   전남 목포시 미항로 197-1

✪ FOOD Info. 목포9미
민어회, 홍어삼합, 세발낙지, 꽃게무침, 갈치조림, 병어회(찜), 준치무침, 아구탕(찜), 우럭간국은 목포를 대표하는 맛으로 '목포9미'라 칭한다.

광양 · 망덕포구 전어

———→ 살이 통통하게 오른 전어가 은빛 비늘을 반짝이며 섬진강 망덕포구로 돌아오면 광양의 전어잡이가 시작된다 섬진강과 바다가 만나는 기수역인 망덕포구의 전어는 육질이 탄탄하고 지방질이 몸 전체에 고루 퍼져 고소한 맛이 나는 것으로 정평이 나 있다.

ADDRESS   전남 광양시 진월면 망덕리 일원

✪ PLUS Info. 망덕포구 산책길
섬진강을 따라 걸을 수 있는 덱이 설치돼 있다. 광양 진월 전어잡이 소리를 소개하는 안내판을 통해 이곳이 전어의 본고장임을 알 수 있다.

언양불고기

울주

———▶ 울주를 찾은 여행자들이 억새평원이 있는 간월재를 들렀다가 출출해지는 점심때 자연스럽게 향하는 곳이 바로 한우불고기특구가 있는 언양읍이다. '기와집'이라 적힌 현판 대문이 멋스럽게 서 있는 '언양기와집불고기'는 언양불고기 맛집 중 하나다.

ADDRESS   울산시 울주군 언양읍 헌양길 86

✚ **FOOD Info. 봉계불고기**
울주의 또 다른 한우불고기특구는 봉계다. 부위별로 따로 구워 왕소금을 가볍게 쳐서 먹는 것이 언양불고기와의 차이점이다.

한우 숯불갈비

영주

———▶ 영주365시장의 순대골목에서 조금만 걸어 나가면 '영주한우숯불거리'가 나온다. 영주는 축산업으로도 유명해 같은 값을 주고도 더욱 맛있는 한우를 넉넉히 먹을 수 있다. 영주 로컬 사이에 섞여 지글지글 맛있게 구워지는 한우를 맛보며 영주를 기억해보자.

ADDRESS   경북 영주시 번영로173번길 일대

✚ **FOOD Info. 카스텔라 인절미**
'태극당'의 카스텔라 인절미는 여행객들 손에 꼭 하나씩 들려 있을 만큼 유명한 디저트. 한 입에 쏙 들어가는 크기라 아이들에게도 안성맞춤이다.

• TRAVELER'S PICK •

신나는 액티비티를
즐기고 싶을 때

1. **춘천** — 춘천의 물레길 카누는 의암호의 아름다운 경치를 즐기며 주변 명소인 스카이워크, 붕어섬 물풀숲 등을 두루 둘러볼 수 있는 액티비티다.

2. **곡성** — 섬진강기차마을은 공원 안을 순환하는 기차마을 레일바이크를 비롯해 '미니 기차'나 페달을 굴리면서 실감 나는 가상현실을 체험할 수 있는 '4D 상영관' 등을 갖추고 있다.

3. **문경** — 클레이사격은 목표물이 명중되는 순간을 관중과 함께 볼 수 있어 더욱 긴장감이 넘친다. 문경에는 전국에서 몇 안 되는 클레이사격장이 자리 잡고 있다.

4. **가평** — 가평의 레일바이크는 북한강 철교를 지나 경강역까지 갔다가 돌아오는 코스로, 아기자기한 풍경을 즐기면서 아이들과 이야기를 나누며 추억을 쌓을 수 있다.

5. **여수** — 여수 상공을 나는 패러글라이딩은 바다 위를 가르는 짜릿한 스릴을 만끽할 수 있다는 점에서 매력적이다. 마래산과 천성산에 자리한 활공장을 활용해 여수 상공을 누빌 수 있다.

(춘천)

물레길 카누

→ 잔잔한 호수 한가운데에 떠 있는 것만으로도 호수의 평화가 다 내 것인 양 편안한 기분이 든다. 춘천의 물레길 카누는 의암호의 아름다운 경치를 즐기며 주변 명소인 스카이워크, 붕어섬 물풀숲 등을 두루 둘러볼 수 있다. '춘천의암호물레길'은 서바이벌 카누, 파티 카누 등 다양한 코스를 운영하고 있으며, 초급자부터 상급자까지 각자의 레벨에 맞는 코스를 선택할 수 있다.

ADDRESS 강원 춘천시 서면 박사로 606

◆ PLUS Info. 레일바이크
낭만적인 레일바이크는 춘천의 액티비티 여행에서 빠질 수 없는 코스다. '강촌레일파크'는 춘천의 매력을 압축해 보여주는 레일바이크 코스를 즐길 수 있는 곳이다.
◎ 강원 춘천시 신동면 김유정로 1383
☎ 033-245-1000

곡성

섬진강기차마을

섬진강기차마을의 '기차마을레일바이크'는 마을 안을 순환하는 500m 코스로, 선착순으로 이용하며 5분 정도 걸린다. 관광열차인 '미니 기차'나 페달을 굴리면서 체험할 수 있는 '4D 상영관'도 마련돼 있다.

ADDRESS 전남 곡성군 오곡면 기차마을로 232

✚ PLACE Info. 압록상상스쿨
미니 기차 탑승장, 출렁다리 코스 등 액티비티 시설과 키즈 카페, 소공연장 등이 마련돼 있다.
◎ 전남 곡성군 오곡면 섬진강로 1060

문경

클레이사격

문경관광사격장은 전국에서 몇 안 되는 클레이사격장이다. 클레이사격은 관중이 공중에 뜬 목표물이 명중되는 순간을 직접 눈으로 확인할 수 있어 선수와 관중이 함께 즐길 수 있다.

ADDRESS 경북 문경시 사격장길 155

✚ PLACE Info. 짚라인문경
빠른 속도로 이동하면서 불정산의 절경을 즐길 수 있으며, 9개 코스를 운영한다.
◎ 경북 문경시 불정길 174

레일바이크

가평

———→ 가평역을 출발해 북한강을 가로지르는 높이 30m의 북한강 철교를 지나 경강역까지 갔다가 돌아오는 코스로, '가평레일파크'에서 운영한다. 느티나무 터널과 방하리 언덕 등 아기자기한 풍경을 즐길 수 있다.

ADDRESS   경기 가평군 가평읍 장터길 14

✚ PLACE Info. 자라섬
가족 캠핑을 즐기기에도 안성맞춤인 자라섬은 '자라섬 국제재즈페스티벌'로도 유명하다.
◐ 경기 가평군 가평읍 달전리 1-1

패러글라이딩

여수

———→ '여수국가대표패러글라이딩'은 여수 상공과 바다 위를 가르는 패러글라이딩이 가능하다. 트럭에 몸을 싣고 오프로드를 통해 활공장으로 가는 순간부터 익사이팅한 체험이 시작된다.

ADDRESS   전남 여수시 망양로 225

✚ PLACE Info. 짚트랙
라마다 여수의 짚트랙은 호텔의 24층 꼭대기에서 바다를 향해 짚와이어를 타고 하강한다.
◐ 전남 여수시 돌산읍 강남로 11

• TRAVELER'S PICK •

청량한 계곡물에
발을 담그고 싶을 때

1 **청송** 백옥 같은 돌이 유려한 모양의 여울을 이룬 백석탄계곡은 영험한 기운이 느껴진다. 큼직한 백돌 사이사이로 흐르는 물줄기는 보기만 해도 가슴이 뻥 뚫리는 것만 같다.

2 **밀양** 시례호박소는 방앗간에서 쓰는 절구호박처럼 생겼다고 해서 '호박소'로 불린다. 폭포 물살에 움푹 팬 화강암의 모양을 타고 흐르는 물길이 만들어내는 모습이 절경이다.

3 **문경** 쌍룡계곡을 둘러싼 장대한 소나무 숲과 층암절벽은 신비한 기운을 자아낸다. 곳곳에 검붉은 오디가 떨어진 숲길을 걷다 보면 산 깊숙이 안겨 있는 쌍룡계곡과 마주하게 된다.

4 **무주** 구천동33경이란 덕유산국립공원 북쪽으로 흐르는 계곡을 지칭하는데, 라제통문·은구암·외룡담 등 서른세 곳의 명소가 계곡을 따라 위치해 있다.

5 **고성** 장신유원지는 이름도 정겨운 소똥령마을에 자리한다. 깊은 데 없이 얕고 넓은 계곡물이 흘러 여름철이면 피서객들이 캠핑하러 모여드는 숨은 휴가 명소다.

청송

백석탄계곡

이름 그대로 백옥 같은 돌이 유려한 모양의 여울을 이룬 '백석탄계곡'은 멀리서 보면 영험한 기운을 품고 있다. 큼직한 백돌 사이사이로 흐르는 물줄기는 기운차고 시원해 보기만 해도 가슴이 뻥 뚫리는 기분이다. 신성계곡의 북서쪽에 있으며, 계곡의 암반이 온통 눈으로 덮인 듯 하얗고 그 위를 맑은 물이 흐른다. 신성계곡에서 이곳에 이르는 3km 구간이 청송8경 가운데 제1경으로 지정되기도 했다.

ADDRESS 경북 청송군 안덕면 고와리

⊕ PLUS Info. 신성계곡
신성계곡은 절벽 위에 자리 잡은 정자 방호정부터 고와리의 백석탄계곡까지 이르는 15km 구간을 말한다. 인근에 다섯 신선이 살았다고 전해지는 방호정이 있으며, 소나무 숲을 따라 이어진 풍광이 절경이다.

📍 경북 청송군 안덕면 신성리

밀양

시례호박소

———→ 억겁의 세월 동안 폭포 물살에 움푹 팬 화강암의 모양이 마치 방앗간에서 쓰는 절구호박(방아확)처럼 생겼다고 해서 '호박소'로 불린다. 옛날에는 가뭄이 계속될 때 이곳에서 기우제를 지냈다고 한다.

ADDRESS   경남 밀양시 산내면 삼양리 산 10-1

✚PLUS Info. 영남알프스얼음골케이블카
해발 1020m의 상부 승강장까지 1.8km를 약 10분 만에 올라갈 수 있다.
🚗 경남 밀양시 산내면 얼음골로 241

문경

쌍룡계곡

———→ 청룡과 황룡이 살던 곳이라 하여 '쌍룡계곡'으로 불리며, 층암절벽과 소나무 숲이 장대하고 신비한 기운을 자아낸다. 농암면 깊숙이 자리 잡고 있어 맑고 깨끗함을 간직하고 있다.

ADDRESS   경북 문경시 농암면 내서리

✚PLUS Info. 문경새재도립공원
여궁폭포와 용추폭포 등 시원한 물줄기를 자랑하는 폭포들과 계곡이 자리 잡고 있다.
🚗 경북 문경시 문경읍 새재로 932

구천동33경

무주

라제통문을 비롯해 은구암, 와룡담, 학소대, 수심대, 구천폭포, 연화폭포 등 서른세 곳의 명소가 계곡을 따라 위치해 있다. 여름철의 울창한 숲길과 물 맑은 계곡은 삼복더위를 잊으며 트레킹하기 좋다.

ADDRESS 전남 무주군 라제통문~덕유산 향적봉

✚ PLUS Info. 무주반디랜드
곤충박물관과 반딧불이 연구소, 환경생태공원, 반디별천문과학관 등이 조성되어 있다.
◎ 전북 무주군 설천면 무설로 1324

장신유원지

고성

깊은 데 없이 얕고 넓은 계곡물이 흘러 여름철이면 피서객들이 캠핑하러 모여드는 숨은 휴가 명소. 어른들은 캠핑장에서 글램핑을 즐기고, 아이들은 계곡으로 몰려나와 물장난하기도 한다.

ADDRESS 강원 고성군 간성읍 소똥령마을길 32

✚ PLUS Info. 고성통일전망타워
금강산의 구선봉과 해금강은 물론, 맑은 날에는 옥녀봉, 채하봉, 일출봉 등을 전망할 수 있다.
◎ 강원 고성군 현내면 통일전망대로 457

• TRAVELER'S PICK •

영화&드라마 속
주인공이 되어보고 싶을 때

1. **아산** — 아산외암마을은 조선 시대 화가 장승업의 인생을 그린 영화 〈취화선〉의 배경이 된 마을이다. 디딜방아, 연자방아, 물레방아, 초가지붕 등이 보존되어 있어 조선 시대 생활상을 엿볼 수 있다.

2. **영월** — '신선을 맞이하는 바위'라는 뜻이 담긴 요선암은 2016년 SBS 사극 판타지 드라마 〈달의 연인 – 보보경심 려〉의 첫 회에 그 신비한 모습이 등장했다.

3. **포천** — 2018년 개장한 한탄강 하늘다리는 길이 200m의 보행 전용 흔들다리로, 성인 1500여 명이 동시에 지나갈 수 있도록 설계되었다. tvN 드라마 〈사랑의 불시착〉의 배경이 되었다.

4. **단양** — JTBC 드라마 〈괴물〉의 촬영지가 된 이끼터널은 원래 중앙선 철도가 다니던 길로, 충주댐이 완공되면서 사람들이 산책할 수 있는 공간으로 탈바꿈했다.

5. **충주** — 중앙탑사적공원의 국보 제6호 충주 탑평리 칠층석탑은 중앙탑으로도 불리며, 통일신라 시대 석탑 중 규모가 가장 크다. 이 공원도 드라마 〈사랑의 불시착〉에 등장했다.

아산

아산외암마을

⟶ 조선 시대 화가 장승업은 '홍백매도'에 매화를 담았다. 사라지지 않을 매화를 남긴 이 화가의 인생을 그린 영화 〈취화선〉의 배경이 된 마을이 바로 아산외암마을이다. 국가민속문화재 제236호인 마을 입구에는 장승을 비롯해 조선 시대의 생활상을 엿볼 수 있는 디딜방아·연자방아·물레방아·초가지붕 등이 보존되어 있다. 이곳은 문화체육관광부와 한국관광공사에서 주관하는 2021-2022 한국 관광 100선에 선정되기도 했다.

ADDRESS 충남 아산시 송악면 외암민속길 5

✚ PLUS Info. 공세리성당
영화 〈태극기 휘날리며〉에서 부상당한 국군들을 치료하는 야전병원으로 등장했다. 자연과 어우러진 아름다운 외관 덕에 TV 드라마와 CF 촬영지로 사랑받고 있는 성당은 순교 성지이자 충청남도 기념물 제144호로 앞으로도 오랫동안 보존해나가야 할 비경 중 하나다.
📍 충남 아산시 인주면 공세리성당길 10

영월 요선암

→ SBS 드라마 〈달의 연인 – 보보경심 려〉의 첫 회에 고려의 자연 목욕탕이자 빨래터로 등장했다. '신선을 맞이하는 바위'라는 뜻이 담긴 요선암의 암석 지형은 보기만 해도 시원시원하다.

ADDRESS　강원 영월군 무릉도원면 무릉리

✚ PLACE Info. 한반도지형
동쪽이 높고 서쪽이 낮으며 삼면이 바다로 둘러싸여 있어 한반도와 닮은 모양새를 지닌 곳으로, '영월10경' 중 하나다.

포천 한탄강 하늘다리

→ 2020년 tvN 드라마 〈사랑의 불시착〉에서 리정혁(현빈)이 윤세리(손예진)에게 둘 사이의 인연을 이야기했던 곳이다. 길이 200m의 보행 전용 흔들다리로, 성인 1500여 명이 동시에 지나갈 수 있다.

ADDRESS　경기 포천시 영북면 비둘기남길 207

✚ PLUS Info. 비둘기낭폭포
드라마 〈괜찮아, 사랑이야〉, 넷플릭스 〈킹덤〉 등에 등장한 단골 촬영지. 움푹 팬 지형이 비둘기 둥지를 닮았다.

이끼터널

단양

———▶ 충주댐이 완공되면서 주변이 수몰되고 철로가 이전되자 폐선된 철로가 산책공간으로 탈바꿈했다. 벽에서 자란 이끼가 동화 같은 분위기를 자아내는 이곳에서 JTBC 드라마 〈괴물〉을 촬영했다.

ADDRESS   충북 단양군 적성면 애곡리 129-2

✚ PLUS Info. 양방산전망대
단양군을 한눈에 조망할 수 있는 양방산전망대는 패러글라이딩 명소로도 유명하다. 드라마 〈사랑의 불시착〉을 촬영하기도 했다.

중앙탑사적공원

충주

———▶ 국보 제6호 충주 탑평리 칠층석탑은 지리적으로 우리나라 중앙부에 위치한다. 중앙탑으로도 불리는 이 석탑은 통일신라 시대 석탑 중 규모가 가장 크다. 이곳도 드라마 〈사랑의 불시착〉에 등장했다.

ADDRESS   충북 충주시 중앙탑면 탑정안길 6

✚ PLUS Info. 탄금호 무지개길
밤이 되면 탄금호의 수면과 어우러진 조명이 색색깔로 빛을 발해 멋진 야경을 선사한다. 드라마 속 장면 못지않은 추억을 만들 수 있다.

• TRAVELER'S PICK •

여유를 즐기며
힐링하고 싶을 때

1. **구례** — 구례 섬진강 대나무 숲길은 피톤치드 농도가 도심보다 약 7배 높고, 편백나무 숲의 피톤치드 농도 못지않을 정도로 산림 치유 효과가 높다.

2. **영천** — 임고서원은 정몽주(1337~1392)의 위패를 봉안하기 위해 1553년 명종 때 창건했으나 임진왜란으로 소실되었고, 이후 1603년 선조 때 현 위치에 다시 지었다.

3. **강화** — 대한성공회 강화성당은 한국에 서양 건축이 도입되던 초기에 지은 건물로, 어디서도 보기 힘든 독특한 문화재적 성격을 띤다.

4. **서천** — 서천치유의숲은 싱잉볼 명상, 물향기 명상, 걱정 인형 만들기 등 거리 두기를 실천하면서 차분한 여행을 즐길 수 있어 비대면 관광 시대에 더욱 주목받았다.

5. **고양** — 일산호수공원은 장미원, 달맞이섬, 월파정, 노래하는 분수대 등 다양한 명소를 통해 삶의 풍류와 여유를 차분히 느낄 수 있다.

(구례)

섬진강대숲길

구례 섬진강대숲길은 일제강점기에 무분별한 사금 채취로 훼손된 섬진강 모래밭을 지키기 위해 대나무를 심으면서 조성한 숲길이다. 푸르른 대나무 숲길을 걷다 보면 아름다운 코스모스와 야생화가 흐드러진 '힐링생태탐방로'로 이어진다. 대나무 숲길을 걸은 후에는 섬진강 자전거길에서 온 가족이 함께 바이킹을 즐겨봐도 좋다. 섬진강에서 불어오는 시원한 강바람을 온몸으로 느끼는 시간은 잊지 못할 추억을 선사할 것이다.

ADDRESS 전남 구례군 구례읍 원방리 1

✚ PLUS Info. 구례수목원
전라남도 공립 수목원 제1호로 지정된 구례수목원은 맑은 물이 흐르는 계류생태원, 편백나무 숲을 거닐 수 있는 덱 길 등으로 이뤄져 있다. 다양한 숲 체험 활동을 통해 지리산이 품은 천혜의 풍경 안에서 뛰어놀면 아이도, 어른도 건강해진 기분이 든다.
◉ 전남 구례군 산동면 탑동1길 125

영천 　임고서원

경상북도 기념물 제62호로 지정된 임고서원은 정몽주(1337~1392)의 위패를 봉안하기 위해 1553년 명종 때 창건했으나 임진왜란으로 소실되었고, 이후 1603년 선조 때 현 위치에 다시 지었다.

ADDRESS　경북 영천시 임고면 포은로 447

✚PLACE Info. 화랑설화마을
신라의 인재 양성 조직 화랑을 기반으로 조성한 문화 체험 공간이다.
📍 경북 영천시 금호읍 거여로 426-5

강화 　대한성공회 강화성당

1900년에 세워진 한국 최초의 한옥 성당으로 '성 베드로와 바울로 성당'이라고도 불린다. 한국적 건축양식을 유지하면서 어디서도 보기 힘든 독특한 문화재적 성격을 띤 건물로 인정받고 있다.

ADDRESS　인천시 강화군 강화읍 관청길27번길 10

✚PLACE Info. 조양방직
방직공장을 개조해 카페 겸 미술관으로 탈바꿈한 공간. 앤티크한 소품과 가구 등이 눈에 띈다.
📍 인천시 강화군 강화읍 향나무길5번길 12

한산모시마을

서천

———→ 수수한 초가지붕을 얹은 집들 사이를 지나 한산모시관 안으로 들어서면 조상들이 쓰던 모시 짜기에 필요한 다양한 도구가 전시되어 있어 한산 모시 문화의 변화를 두루 알아볼 수 있다.

ADDRESS 충남 서천군 한산면 충절로 1089

✚PLACE Info. 서천치유의숲
싱잉볼 명상, 아로마테라피 및 족욕 명상, 물향기 명상, 걱정 인형 만들기 등을 체험할 수 있다.
☉ 충남 서천군 종천면 충서로302번길 88-81

일산호수공원

고양

———→ 봄이면 벚꽃과 개나리가 만개하는 달맞이섬과 그 안에 자리한 월파정에 오르면 호수가 한눈에 들어오고, 노래하는 분수대는 음악과 물줄기, 조명이 어우러져 환상적인 쇼를 연출한다.

ADDRESS 경기 고양시 일산동구 호수로 731

✚PLACE Info. 현대 모터스튜디오 고양
자동차의 탄생 과정과 에어백 작동 원리 등의 기능을 체험할 수 있다.
☉ 경기 고양시 일산서구 킨텍스로 217-6

• TRAVELER'S PICK •

싱그러운 자연 속을
거닐고 싶을 때

1. **달성** — 송해공원은 방송인 송해 선생의 이름을 따서 지은 공원이다. 공원 내 담소전망대, 폭소전망대, 송해정 등의 공간을 걸으면 선생의 푸근한 목소리가 떠오른다.

2. **순천** — 순천만습지는 흑두루미, 검은머리갈매기, 민물도요새 등 국제적으로 보호받는 철새들의 먹이를 풍부하게 공급하는 생태계의 보고다.

3. **울릉** — 관음도는 동백나무·후박나무·부지깽이나물 등 울릉도 자생식물은 물론, 다양한 암석과 지질을 볼 수 있는 곳으로, 말 그대로 '천혜의 공원'이다.

4. **남해** — 섬이정원은 고동산을 병풍처럼 두르고, 한려해상국립공원의 아름다운 바다가 내려다보이는 공원 같은 정원이다. 오래된 돌담과 작은 연못이 정겹다.

5. **강화** — 전등사 경내에 들어서면 대웅보전·약사전·범종 등 지정문화재 17점을 보유하고 있는, 역사가 깊은 산사의 정경이 고즈넉하게 펼쳐진다.

달성

송해공원

방송인 고(故) 송해 선생의 이름을 따서 지은 공원이다. 황해도 출생인 송해 선생이 제2의 고향으로 여긴 곳이 바로 달성군이기 때문이다. 공원 내 담소전망대, 폭소전망대, 송해정 등의 이름이 붙은 공간을 걸으면 선생의 푸근한 목소리가 떠올라 산책의 맛을 더한다. 송해공원은 사문진 주막촌과 함께 한국관광공사와 7개 지역관광공사(RTO)가 상대적으로 더 안전한 여행지를 꼽은 전국 '언택트 관광지 100선'에 선정됐다.

ADDRESS 대구시 달성군 옥포읍 기세리 306

✛ **PLUS Info. 백세교 걸어보기**
백세교는 한 번 건너면 100세까지 살고, 두 번 건너면 100세까지 무병장수할 수 있다는 이야기가 담긴 다리다. 송해 선생을 보고 있으면 '저토록 지혜롭게 늙어갈 수 있다면 100세까지 살아보고 싶다'는 생각이 드니까. 그 바람을 담아 백세교를 차분히 건너보자.

📍 대구시 달성군 옥포읍 기세리 649-2

순천 순천만습지

우리나라 대표 연안 습지인 이곳은 바닷물이 드나들며 스스로 오염 물질을 걸러낸다. 이 청정 시스템은 흑두루미, 검은머리갈매기, 민물도요새 등 철새들의 먹이를 풍부하게 공급해준다.

ADDRESS 전남 순천시 순천만길 513-25

✚ PLACE Info. 순천만국가정원8경
❶ 순천호수정원 ❷ 메타세쿼이아길 ❸ 네덜란드국가정원 ❹ 한국정원 ❺ 꿈의 다리 ❻ 아바타의 숲 ❼ 야수의 장미정원 ❽ 순천만WWT 습지

울릉 관음도

울릉도 자생식물은 물론, 다양한 암석과 지질을 볼 수 있는 곳으로, 말 그대로 '천혜의 공원'인 셈이다. 섬 아래쪽 동굴 천장에서 떨어지는 물을 받아 먹으면 장수한다는 전설이 있다.

ADDRESS 경북 울릉군 북면 천부리

✚ PLACE Info. 천부해중전망대
수심 6m 바다 위에 떠 있는 해중 전망대. 여름 바다의 참맛을 즐기기에 더할 나위 없이 좋다.
📍 경북 울릉군 북면 천부리 718-54

섬이정원

———→ 고동산을 병풍처럼 두르고, 한려해상국립공원의 아름다운 바다가 내려다보이는 공원 같은 정원. 산책하며 볼 수 있는 그림 같은 풍경은 모두 세밀하게 설계한 동선에 따라 가꿔놓은 것이다.

ADDRESS   경남 남해군 남면 남면로 1534-110

✚ PLACE Info. 용문사
천왕각과 불교 건축물인 명부전 등 남해에서 가장 많은 문화재를 보유한 절이다.
◎ 경남 남해군 이동면 용문사길 166-11

남해

전등사

———→ 전등사 경내에 들어서면 대웅보전·약사전·범종 등 지정문화재 17점을 보유하고 있는, 산사의 정경이 고즈넉하다. 전등사 북문을 따라 성곽 위로 올라가면 강화읍 방향으로 드넓은 땅이 펼쳐진다.

ADDRESS   인천 강화군 길상면 전등사로 37-41

✚ PLACE Info. 강화역사박물관
선사시대부터 근현대까지 강화도의 역사와 문화를 체계적으로 전시하고 있다.
◎ 인천시 강화군 하점면 강화대로 994-19

강화

• TRAVELER'S PICK •

가을빛으로 물든 풍광을
감상하고 싶을 때

1. **김천** — 황악산은 학이 자주 찾아오는 산이라 해서 황학산으로 불리기도 했다. 경북 김천을 대표하는 산이자 산림청이 선정한 전국 100대 명산 중 하나다.

2. **강진** — 강진만생태공원 탐방로 덱 길의 길이는 4.16㎞이며 청정 개펄은 26.2㎢에 펼쳐져 있다. 특히 큰고니떼와 갈대군락지가 장관이다.

3. **울진** — 금강송 숲은 소광리 일대 백병산과 삿갓재의 1800만㎡에 거대한 소나무 군락지를 이루고 있으며, 500년생 소나무가 생장하는 자연 생태 체험 학습장으로 손색이 없다.

4. **정선** — 노추산이 있는 구절리는 정선에서도 오지로 유명한 곳이다. 그러니 충분한 여유를 가지고 트레킹을 준비할 것. 3개의 등반 코스가 있어 취향대로 고를 수 있다.

5. **진안** — 운장산은 중생대 백악기의 퇴적암과 응회암으로 이루어졌다. 주변에 높은 산이 없는 평야 지대가 펼쳐지기 때문에 정상에 오르면 전망이 좋다.

(김천)

황악산

———→ 경북 김천을 대표하는 산이자 산림청이 선정한 전국 100대 명산 중 하나다. 백두대간의 허리 부분에 해당하며, 해발 1111m의 비로봉을 위시해 백운봉과 신선봉, 운수봉이 직지사를 품고 있는 모양새로 산세가 뻗어 있다. 학이 자주 찾아오는 산이라 해서 황학산으로 불리기도 했다. 정상까지 오르는 길이 짧지는 않지만, 산세가 험하지 않아 등산 초보자가 도전하기에 무리가 없다.

ADDRESS 경북 김천시 대항면 운수리

◈ PLUS Info.
사명대사공원
사명대사공원의 랜드마크는 단연 평화의 탑이다. 황룡사 구층석탑을 쏙 빼닮은 41m 높이의 탑은 국내에서 가장 높은 목탑이다. 탑과 더불어 김천시립박물관, 솔향다원 등의 시설을 갖춰 사색하고, 배우고, 체험하는 여행이 가능하다.
◉ 경북 김천시 대항면 운수리 94-3

강진

강진만생태공원

———→ 석양으로 물든 갈대숲의 경치가 장관이다. 갯벌에 서식하는 다양한 생물을 볼 수 있으며 갈대 군락지 사이로 덱 길이 조성되어 있어 가을볕을 느끼며 걷기 좋다. 천연기념물 큰고니의 주 서식지이기도 하다.

ADDRESS　전남 강진군 강진읍 생태공원길 47

⊕ PLUS Info. 짱뚱어
짱뚱어는 아무 데서나 자라지 않고 양식도 되지 않지만 강진만생태공원에서는 쉽게 볼 수 있다. 보는 것은 자유지만 함부로 잡으면 안 된다.

울진

금강송 숲

———→ 금강송은 울진군 금강송면 소광리 일대 백병산과 삿갓재의 1800만m²에 거대한 소나무 군락지를 이루고 있으며, 500년생 소나무가 생장하는 훌륭한 자연 생태 체험 학습장으로 손색이 없다.

ADDRESS　경북 울진군 금강송면 소광리

⊕ PLACE Info. 금강송 에코리움
금강송 숲길 트레킹 체험을 비롯해 힐링 프로그램, 테라피 프로그램 등을 운영한다.
🅟 경북 울진군 금강송면 십이령로 552

노추산

정선

———→ 노추산은 대기리에서 조고봉, 늘막골 구절리에서 사달골이나 대성사를 거쳐 오르는 3개의 등반 코스가 있다. 구절리에서 산판길을 따라 대성사-이성대-정상으로 이어지는 코스가 가장 무난하다.

ADDRESS 강원 정선군 여량면 노추산로 912-2

⊕ PLACE Info. 상정바위산
지형이 한반도와 닮은 이곳은 조양강과 월천마을의 풍경으로 유명해졌다.
◎ 강원 정선군 북평면 문곡강변길 505

운장산

진안

———→ 운장산(해발 1126m)은 전북 진안군에서 가장 높은 산이다. 암벽과 숲으로 둘러싸여 있고, 물이 맑다. 주변에 높은 산이 없는 평야 지대이기 때문에 정상에 오르면 전망이 좋다.

ADDRESS 전북 진안군 정천면

⊕ PLACE Info. 갈거계곡
수량이 풍부한 갈거계곡은 길게 뻗어 있어 관광객이 많아도 번잡하지 않아 좋다.
◎ 전북 진안군 정천면 갈용리

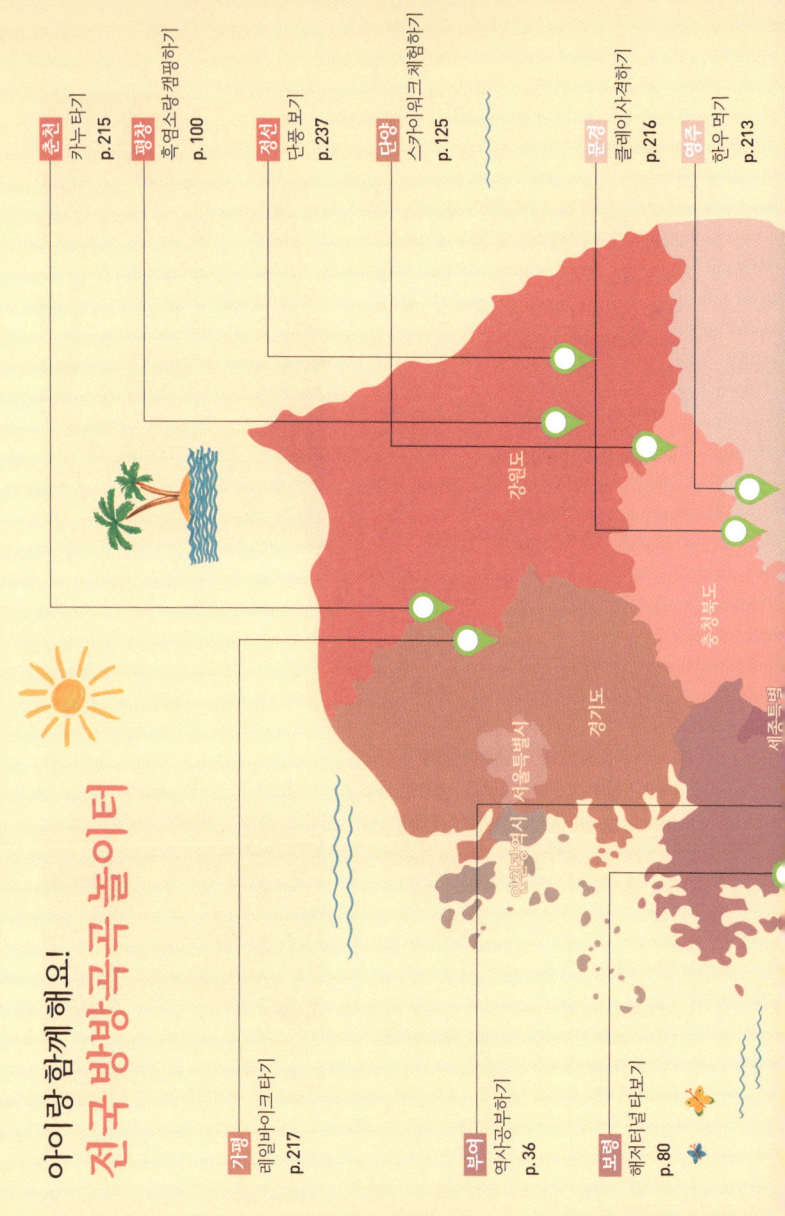

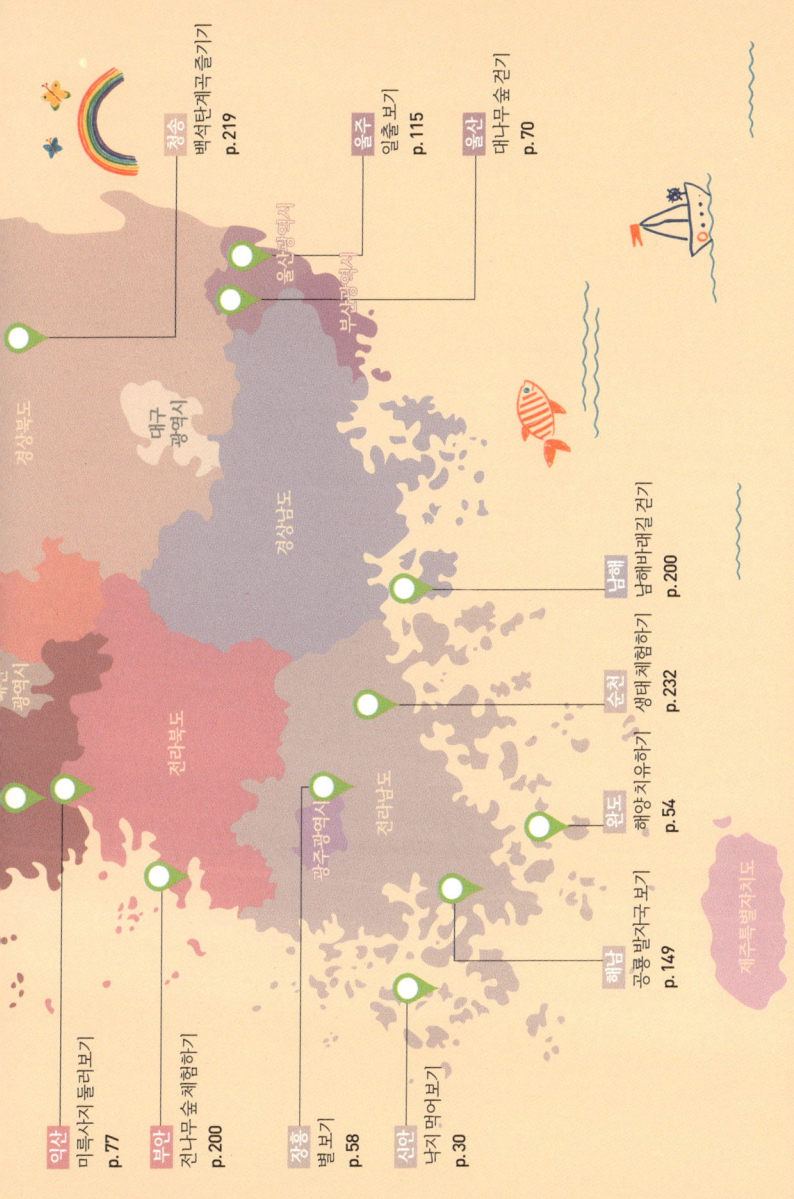

PHOTO CREDIT

p. 122	의림지	충청북도 제천시
p. 125	도담삼봉	백성욱 - 한국관광공사
p. 126	송호관광지	충청북도 영동군
p. 127	충주댐	충청북도 충주시
p. 132	성주 성밖숲	경상북도 성주군
p. 133	제천 측백나무숲	충청북도 제천시
p. 134	금강하굿둑	김지호 - 한국관광공사
p. 135	횡성호수길	강원지사 모먼트스튜디오 - 한국관광공사
p. 136	낭도	전라남도 여수시
p. 137	김해천문대 비비단	김지호 - 한국관광공사
p. 138-145	한국산림복지진흥원
p. 146	전남 해남군 달마산	전라남도 해남군
p. 150	포레스트수목원	전라남도 해남군
p. 162-171	한국관광공사
p. 165	무주반딧불축제	반딧불축제 제전위원회
p. 177	소백산 정감록명당체험마을	충청북도 단양군
p. 186	'인천e지앱', 개항차 투어	인천e지앱
p. 189	베스트웨스턴 하버파크호텔	인천e지앱
p. 192	목금토크래프트	한국관광공사
p. 193	더휴앤	한국관광공사
p. 194	나전역카페	한국관광공사
p. 195	외미골이야기, 문화세상고리협동조합	한국관광공사
p. 199	메타세쿼이아 가로수길	전라남도 담양군
p. 200	내소사 전나무 숲길	전라북도 부안군
p. 201	섬앤섬길	경상남도 거제시
p. 201	구불길	전라북도 군산시
p. 203	만경강과 비비정	전라북도 완주군
p. 204	젊은달와이파크	강원도 영월군
p. 205	선학동마을	@su_zi
p. 205	행남해안산책로	경상북도 울릉군

p. 207	이병주문학관	경상남도 하동군
p. 208	박경리문학공원	강원도 원주시
p. 208	태백산맥문학관	전라남도 보성군
p. 209	이효석문학관	강원도 평창군
p. 209	목포문학박람회	전라남도 목포시
p. 212	민어회	전라남도 목포시
p. 212	망덕포구 전어	전라남도 광양시
p. 215	물레길 카누	강원도 춘천시
p. 216	클레이사격	경상북도 문경시
p. 217	레일바이크	경기도 가평군
p. 217	패러글라이딩	전라남도 여수시
p. 219	백석탄계곡	경상북도 청송군
p. 220	시례호박소	경상남도 밀양시
p. 220	쌍룡계곡	경상북도 문경시
p. 221	구천동33경	제27경 명경담	맹갑상 무주문화원장
p. 221	장신유원지	강원도 고성군
p. 223	아산외암마을	충청남도 아산시
p. 224	요선암	강원도 영월군
p. 225	이끼터널	충청북도 단양군
p. 225	중앙탑사적공원	충청북도 충주시
p. 227	섬진강대숲길	전라남도 구례군
p. 228	임고서원	제11회 영천관광 전국사진공모전 당선작 작품명 : 임고서원의 봄	작가명 : 정을선
p. 228	대한성공회 강화성당	인천광역시 강화군
p. 229	한산모시마을	충청남도 서천군
p. 229	일산호수공원	경기도 고양시
p. 231	송해공원	대구광역시 달성군
p. 232	순천만습지	전라남도 순천시
p. 232	관음도	경상북도 울릉군
p. 233	전등사	인천광역시 강화군
p. 235	황악산	경상북도 김천시
p. 237	노추산	강원도 정선군
p. 237	운장산	전라북도 진안군

Publisher	김정호	Jungho Kim
Executive Director	유근석	Geunseog Yu
Editor in Chief	이선정	Sunjung Lee
Editors	정상미	Sangmi Jung
	이진이	Jinyi Lee
	김은아	Euna Kim
	강은영	Eunyoung Kang
	윤제나	Zena Yoon
Photographers	이효태	Hyotae Lee
	성종윤	Jongyoon Seong
Designers	박명규	Myeongkyu Park
	송영	Young Song
	표자영	Jayoung Pyo
	배자영	Jayoung Bae
	김민준	Minjun Kim
Sales&Distribution	정갑철	Kapchul Jung
	선상헌	Sangheon Sun
	조종현	Jonghyun Cho

초판 1쇄 발행일 2022년 7월 4일
　4쇄 발행일 2022년 8월 16일

ISBN 979-11-92522-05-0(92320)
서울 중구 청파로 463 한국경제신문사 6층
02-360-4859
hankyung.com